谷鹏磊　仲　琪◎编著

中国纺织出版社有限公司

内 容 提 要

小学阶段是每个人积累知识、养成习惯的关键时期，小学基础知识打得牢，中学阶段的学习就能驾轻就熟，更能取得好成绩。因此，每个小学生都渴望获得提升学习效率的方法。

本书为小学阶段的学生倾力打造，分别从学习兴趣、习惯、方法等几个角度，根据语、数、英等学科的不同学习特点，为小学生们提供了详细、全面、实用的学习方法，希望能成为有助于小学生学习的辅助读物。

图书在版编目（CIP）数据

小学生一定要掌握的学习方法：提升版 / 谷鹏磊，仲琪编著. --北京：中国纺织出版社有限公司，2022.1
ISBN 978-7-5180-8472-2

Ⅰ.①小… Ⅱ. ①仲… ②谷… Ⅲ. ①小学生—学习方法 Ⅳ. ①G622.46

中国版本图书馆CIP数据核字（2021）第060472号

责任编辑：张 羽　　责任校对：王花妮　　责任印制：储志伟

中国纺织出版社有限公司出版发行
地址：北京市朝阳区百子湾东里A407号楼　邮政编码：100124
销售电话：010—67004422　传真：010—87155801
http://www.c-textilep.com
中国纺织出版社天猫旗舰店
官方微博http://weibo.com/2119887771
三河市延风印装有限公司印刷　各地新华书店经销
2022年1月第1版第1次印刷
开本：880×1230　1/32　印张：7
字数：126千字　定价：39.80元

前言

当每个孩子进入小学后，就开始了学习竞争，在他们的心中，大概都有一个梦想，那就是成为一名成绩优等生，因为成绩是对学习效果的最大肯定。然而，这个梦，绝非苦学就能实现，苦学不如会学，勤学还须善学。若想学习棒，方法最关键。天赋、勤奋不是高效学习的根本，科学的方法才是出色学习的捷径。

没有谁是天生的笨孩子，只要你掌握了学习方法，你也能成为优等生。然而，什么是科学有效的学习方法呢？为此，我们在本书中总结了以下7个环节的管理。这些方法既有一线优秀教师的经验之谈，也有很多家长提供的助学方法，更有许多小学生自己的学习心得，这些内容读起来都非常简单、有趣。

1.计划管理

这指的是学习时间上的通盘的计划，当然，计划制订好以后，一定要遵照计划运行。

2.预习管理

你是否常有这样的感觉，听课总是觉得累？其实，课堂上老师讲课，并不需要你完全听，但需要你带着思考去听，这就需要你提前预习。实际上，那些成绩优异的小学生都有预习的学习习惯。预习能帮助我们找到课堂疑点，这样，带着疑问去听课，听课也就有侧重了，听课效率自然也就会高很多。

3.听课管理

学生学习，最主要的莫过于听课，听好课可以说是学生的主业，也只有听好课，才能抓住老师讲的重点，当然，你还需要注意的是，每个人都有自己的个性，每个人的知识点也是不一样的，各有各的需求，自己缺什么就抓什么重点，一定要听懂个性化的重点，当堂消化掉。

4.复习管理

核心是想、查、说，就是回想，查阅，复述。回想是在脑子里放电影，回想的过程就是“闭目养神”放电影，回想今天老师讲的课程内容是什么，这是最好的复习方法，四十五分钟的课程完了后，要及时地回想知识，能想起来的部分，就会终身不忘，想不起来的就是要注意或者重头再学了，这就叫查漏补缺。

5.作业管理

在做作业这一问题上，我们一定要强调独立和限时。然而，一些学生每次作业都对，但一考试就错，问题的原因在于学生间互相通晓答案，不动脑子。另外，做作业时，你要记录学习的时间，要限时学习，否则就是超量。要知道，在以后的学习生涯中，你要经历很多淘汰式考试，所以要平时训练有素，每次越快越好，又快又准。

6.错题、难题管理

有了错题、难题本就能很好地进行归纳和总结，考试之前复习就会有针对性，这部分题握在手里就是高分握在手里了。

7.考试管理

真正成绩好的学生，不但会学习，还会应试，无论是考前、考中、考后，他们都能很好地调适自己，能做好复习工作、掌握一些应试技巧等，当然，能考好也在于他们有个良好的心态。

的确，掌握科学的学习方法才能提高学习效率。以上几点就是我们为小学生们提供的一些学习经验和心得，而在本书中，我们会对这些心得进行全面的阐述，相信你能结合自身的特点、通过本书找到有效的提高学习成绩的方法，并在升学考试中取得一个满意的成绩。这本书既能帮助孩子打好坚实的学习基础，也可以使家长们在指导孩子学习时有方法可循，是小学生完善学习方法、提高学习成绩必备的一本优秀辅助读物。希望能对广大小学生有所帮助。

编著者

2021年2月

目录

FIGHT

第 01 章

把握课堂 45 分钟，学习事半功倍

对于小学生来说，一节课或许只有短短的45分钟，但是一定不要小瞧这段时间，大部分学生70%左右的知识都是在课堂上获得的，如果课堂的这段时间没有利用好，之后则会花几倍的时间来弥补。每名小学生，都要紧紧把握课堂45分钟，这是提升学习、取得好成绩的前提。

小学学习最重要的是课堂45分钟

生活中，不少小学生可能有这样的苦恼：为什么每天学习到深夜，甚至挑灯夜战，可是学习成绩就是不见提高呢？其实，这还是因为你没有利用好最重要的课堂时间。实际上，小学学习与中学不同，中学时要面临中考和高考，需要做大量习题，需要做好知识的复习，更要注重知识的延伸，而小学学习，要想取得好成绩，基本掌握课堂45分钟老师传授的知识点就足矣。因此，我们可以说，小学学习最重要的是课堂45分钟。

然而，上好课的关键不仅仅在于要认真听，还要做好笔记，这样听课才会有效率。

因此，作为小学生，一定要把听课和做好笔记作为培养良好学习习惯的重要方面，对此，你可以从以下几个方面把握听课要点：

1.做好听课前的准备

听课前的准备包括：

物质准备，指的是要将上课需要的物品准备充足；

生理准备，指的是要保证大脑清醒、精力充沛；

心理准备，指的是要保持心境轻松、情绪饱满；

知识准备，指的是要做好功课的预习，与新知识相关的知识准备要做好做足预习。

2.做课堂的主人，而非被动式地接受课堂知识

最有效的听课方式是积极的、主动的，你只有发挥在课堂上的主动精神，才会大胆提问，大胆发表看法，积极参加讨论。因此，正确的听课的做法是：

（1）带着问题上课。如果你带着一些未解决的问题进入课堂，就保持着较强烈的求知欲。此时，你就会集中精力听教师讲重点、难点和要点。

（2）紧抓老师思路。听讲须注意教师讲课中的逻辑性。如果听时遇到某一问题没听懂可迅速记下来，此时不必死钻“牛角尖”，而是要顺着教师的讲解去听，那个问题可待合适的时机思考或提问。

3.学会做笔记

人们都说，“好记性比不上烂笔头”，足见笔记的重要性。小学生应养成勤记善记的好习惯。笔记可记：老师反复强调的；相似知识的对比；课文内容与现实相联系的时政知识点；分散知识的归纳综合等。

同时，记笔记还要“记得精炼”。所谓“记得精炼”，指的是笔记的内容要有选择，有所取舍。老师讲课内容多，有的知识已经学过，有的是书本提示。注释中明白写着的，这些就不必记了。你不熟悉的、重要的，一定要记下来，不好理解的、有疑问的，可以在书上做个记号，便于课后思考或者问老师。

俗话说，“温故而知新”。记笔记的目的是帮助记忆，方便复习。在课后，经常翻看笔记，能熟练记住已经学习过的知

识。在大考时，用笔记对照着课本知识复习，互为补充，这也不失为一个好办法。在复习的过程中，如果你有新的体会，还可以把它们补充到笔记里去，知识积多成学问，听课爱思考，笔记记得好，学习效率一定高。

4.处理好记笔记和听课的关系

有些孩子，一门心思记笔记，在上课时，他们非常认真地听课，认真地记好笔记，几乎一字不漏地把老师讲的话和黑板上的板书全部都记下来了，应该说他们学习非常认真刻苦，但是学习的效果却不尽人意。那是为什么呢？因为他们犯了一个最大的错误，那就是没有处理好听课和记笔记的关系。那么，应该怎样处理好记笔记和听课间的关系呢？

事实上，老师在讲课时，一方面是讲授知识，另一方面则是讲授方法，如果把精力都放在记笔记上，则无法认真地听老师讲解了，毕竟，一心不能二用。

所以，认真记笔记，不在于把所有的东西全部记下来，而是要先认真听懂老师讲课的内容，把重点记下来就可以了，同时，有自己课上不明白的地方，也要记下来，以便下课后自己在书上或课外参考书上找答案或者去找老师询问。

5.身心放松地听课

学习是一项消耗体力和精神的活动，你如果不懂得放松型学习，那么，上课的过程对于你来说，肯定是痛苦的，同时，因为一节课始终绷紧了弦是不可能的，所以调节课上不同阶段的紧张程度便很重要。但一堂课的开头结尾常不可忽略，需要认真听讲。

听课要主动、认真，紧跟老师思路

我们都知道，对于任何一名小学生来说，你大部分的时间都是在课堂上度过的，是否能把握好每节课的45分钟，直接关系到你学习效果的好坏，如果你在课堂上能基本掌握所学的基础知识和技能，课后复习和做作业都不会发生困难；如果上课时不注意听讲，没听懂老师所传授的知识，那么，即使是原本只需要几分钟就能搞懂的问题，可能你需要花上几倍的时间才能补上。

事实上，那些学习成绩优异的学生都有个学习心得，那就是善于听课。的确，听课看起来十分平常，但当我们中的很多人花费时间和精力去探求各种“学习技巧”的时候，却往往忘记了：我们一天中的大部分时间都是用来听课的，提高听课的效率，比任何学习方法都重要。

他们认为，听课是主业，听课就是要做到跟老师、抓重点、当堂懂。

那么，生活中的你们呢？你是个认真听课的人吗？有句老话说得好：“台上一分钟，台下十年功。”但对于学习，却不是如此，如果你认为上课可以不听讲，课后再恶补，那么你就错了。可上课听讲尤其是有效率的听讲，才是提高成绩的引擎，而有的同学总是喜欢自学，上课不认真听讲，往往导致事倍功半，成绩无法提高。

星星是某小学五年级三班的学习委员，她的同桌叫周珊

珊，巧的是，她们还是邻居，因此，对周珊珊来说，可以说是“近水楼台先得月”。三年级之前，原本周珊珊的学习成绩不怎么样，但三年级以后，和学习委员成了同桌后的她也铆足了劲儿搞学习。其实，学习过程中，她也并没有怎么请教星星，她做的很到位的地方估计还是对星星的听课笔记“研究”得比较透彻，基本上每天晚上回家之后，她都会去星星家借笔记，这已经成了她的一种生活习惯。

“妈，今天该轮到你帮我跟星星借笔记了吧！”周珊珊对在厨房炒菜的妈妈说。

“学习的事儿你怎么老来麻烦我啊？”妈妈开玩笑说。

“我这不是不好意思了嘛，天天跟星星借笔记，她会不会烦我了呢？”

“这我可不知道，我看你呀，还是自己上课要好好听，做好自己的笔记，不懂的再去问老师，这样，就不用跟星星借笔记了呀。”

“是啊，我也觉得自己的学习方法不对，为什么我花的时

间比星星多，每天回来研究她的笔记，还考的没她好呢，就是因为我没有利用好课堂时间吧……”

“是啊，课堂时间才是最有效的学习时间啊。”

故事中的周珊珊为什么总是找同桌星星借笔记？因为她没有把握好课堂的听课时间。而实际上，课堂教学是教学过程中最基本的环节。

当然，正确的学习方法除了把握好课堂时间以外还有很多。但无论如何，把握课堂时间都是极为重要的。生活中，我们也发现，一些孩子，因为学习成绩不好，不得不让父母为自己报各种补习班，以为这样就能查缺补漏、提高成绩，但实际上，我们也发现，那些在课后“恶补”的小学生并不都取得了自己理想的成绩。这是为什么？其实，还是方法的原因。

那么，具体来说，作为小学生，该如何把握好每一堂课呢？

第一，做好预复习、专心听讲、做好笔记等。

第二，学会做课堂的主人，而非被动式地接受课堂知识。

小学学习，听课是获得知识的基本途径。听好课是学习的基础，是学习好，取得好成绩的根本；如果你能做到认真听讲，做好笔记，你就能提高学习效率。当然，听课的方法很多，因人而异，只要有利于提高听课效率的方法，就是最佳方法。

认真听课还要做好笔记

有位五年级学生这样谈及自己的学习心得：

“当同学们问及为何我能够如此轻松学习，是不是平时都挑灯夜战时，我很不好意思地笑了，说自己根本没挑灯夜战，就是记笔记而已。我认为虽然在上课甚至是一定时间内将知识点记住了，可是时间一长就会遗忘，因此需要不停地巩固。这就需要记笔记，比如语文课上老师说到的生字，但书本没有的，我会记下来，下课后会去查字典，弄清楚这个字的意思，对于课堂知识，如果在纸上自己手写一遍，将更加加深对这些知识的记忆，凡是经过手写过的知识点，从不会轻易地忘记。而且一旦记在纸上，不仅可以将学习的难点、重点提取出来，还可以随时进行复习巩固。”

从这位学生分享的学习心得中，我们看到了记笔记的重要性。每个小学生，你们也应该养成勤记善记的好习惯。虽然小学知识还不深奥，但是养成记笔记的习惯，能做不到不断积

累，吃透课堂知识，是提高成绩的最佳方法之一。

古人云："好记性不如烂笔头。"把笔记记在课本上，这样方便查找，也不容易丢失。我们通过翻看课堂笔记，可以回忆起当时的课堂情景，从而有助于帮助理解掌握知识。

其实，记课堂笔记是锤炼小学生语言能力的重要方法，因为记笔记的过程本身就是一个从主观感知到联想，再到分析和综合，最终转换为文字的过程。

小学生做笔记，不必长篇大论，也不必要将老师说的每一句话都记下来，也不能随心所欲地乱写乱画，这就要求小学生在课堂上更认真地听讲，且要学会筛选知识，只需要记那些重要的、有价值的信息，也就是要言简意赅地记笔记，在经过了一段时间的训练后，你会发现，你记笔记的水平明显提高了，并且，你的词汇量也会逐渐增加，语言表达能力也获得提升。

你的笔记需要提炼重要的、有价值的信息，即思忖着该怎样言简意赅地记载，做作业时如何规范完整答题。经过一段时间后，你会发现，你的笔记做得简洁明了，干净整洁。日积月累，不但丰富你的词汇量，更锤炼了你的语言书面表达能力。

而最重要的是，记笔记能帮助你养成良好的学习习惯。以学习语文为例，语文老师布置你预习课文，并且，他不提具体要求。假设你是个自觉的学生，你会读几遍课文；而如果你是不自觉的学生，那么，这样的作业对于你来说也就是形同虚设而已。即使老师提出预习要求，如果不进行反馈检查，那么，完成效果也不理想。出现这种现象，源于我们没有养成良好的

读书习惯。很多学生读书没有目的，一读而过。俗话说得好：“不动笔墨不读书。”如果你养成了做课堂笔记的习惯，只要一拿书，你就会动笔写写画画，总想在书上留点东西。久而久之，你会在课堂笔记的实践中逐渐养成了良好的读书习惯，形成了自读能力。

当然，对于课堂笔记来说，要记些什么内容，也是有章可循的，对此，以下是一些经验之谈。

你首先应该明确的是：你应该把主要的精力放在听和理解上面，课堂笔记主要记以下内容：

（1）老师列出的提纲。你应该很清楚地知道你不可能也没有必要把老师的课堂笔记一字不落地记下，所以你只需要记下老师列出的提纲就可以了。

（2）老师强调的重点内容。

（3）书本上没有，但却是老师补充的内容。

（4）结合老师讲课的内容，记下你个人需要加强的知识。

（5）记疑点。对老师在课堂上讲的内容有疑问应及时记下。这类疑点，有可能是自己理解错误造成的，也有可能是老师讲课疏忽造成的。并且，要记得课后及时和老师沟通。

（6）记方法。勤记老师讲的解题技巧、思路及方法，这对智力培养和解题技巧培养都有好处。

（7）总结。注意记住老师的课后总结，这对于浓缩这一堂课的内容，找出重点及各部分之间的联系，掌握基本概念、公式、定理，融会贯通课堂内容都很有作用。

课堂笔记的内容应当简洁扼要，最好做到既有观点、又有材料；既有主干，又有枝叶。所以课堂笔记在记录的过程中也是有一定的技巧的：

（1）不要记得太紧太密，每页右边留下约1/3的空白处，以便日后补充、修改。

（2）用词用语要简洁浓缩，使用频率较高的词语可用代号。

（3）写字要快、字迹不必要求太高，看清就行。

（4）注意听课与看书结合，有些内容可直接在书上批注。

（5）要学会使用不同颜色的笔，如有蓝色和红色两支笔，你可以用蓝色笔记录，重要的内容如：概念、公式、定理用红色标注出来，这样便于以后复习时只需看一下提纲就可以进行联想了。

这里，你需要记住的一个原则是，无论如何，记笔记不能耽误听课，因为上课最重要的是听和理解，然后才是记笔记。如果埋头记笔记，老师讲的内容反而没有听清楚，或者只是听见了记下来了，但是没有动脑筋思考，这样效果就会很糟糕。

集中精神，认真听课

任何一名小学生，都希望能有优异的学习成绩，但其实，每个人的智力不是天生的，国外的一项研究报告证实：98%的孩子智商都是差不多的，只有1%的孩子是天才，也只有1%的

孩子是弱智。那为何在100个孩子当中，成绩怎么悬殊那么大呢？最主要的原因就是有的孩子能够注意力集中，而有的孩子无法持续地集中注意力。

在任何人的学习成长过程中，专注力是直通心灵的门户，门开得越大，学到的东西就越多。专注力同时还是最重要的发展因素，是记忆力、想象力、思维力、观察力的准备状态。专注力的高低更是直接影响着孩子学习成长发展的状态与程度。

前面，我们已经提及，小学学习最重要的是课堂听课，而注意力不集中是很多学生无法认真听课的原因。我们发现，那些注意力差的小学生，通常有这样一些表现：注意力集中时间比其他孩子短，且容易分心散漫；上课难以集中注意力，对课堂内容一知半解；作业拖沓、学习时易走神、发呆、被无关事情吸引，导致学习费时、效率低下；即使考试前书念得很熟，考试时却会因分神而记不起来或写错等，严重影响学习和考试成绩；办事时总是丢三落四，如经常忘记学习用品放在哪里，学习容易半途而废。

的确，对于每个小学生来说，最重要的任务莫过于学习，只有专注于学习，才能摒除外界世界对你的干扰，这也是你需要坚持的原则之一。

那么，在平常的课堂中，你是否有这样的表现：

（1）上课集中注意力时间短，经常东张西望。做小动作，如玩钢笔、抓耳挠腮等。

（2）不听从老师的指令，不能遵守课堂纪律。

（3）上课时常想与同桌说话，不能专心做作业，影响别人。

（4）行为较为急躁冲动。

（5）小组讨论中不能像别人一样遵守规则，不能等待，表现为急不可耐。

实际上，保持良好的注意力，是大脑进行感知、记忆、思维等认识活动的基本条件。在我们的学习过程中，注意力是打开我们心灵的门户，而且是唯一的门户。门开得越大，我们学到的东西就越多。而一旦注意力涣散了或无法集中，心灵的门户就关闭了，一切有用的知识信息都无法进入。因而，良好的注意力会提高我们学习的效率。

那么，课堂上，你该如何集中注意力呢？

1.充分做好课前准备

这包括两个方面：

（1）做好知识上的准备——课前预习。知识上的准备主要针对新课涉及的有关内容。对新知识的预习应主要抓住难点，明确听课重点。

（2）做好身体、心理上的准备。上课学习，是一项艰苦的劳动，它需要学生有充沛旺盛的精力和体力，为了做好身体上的准备，要求学生必须做到两点：一是要有充足的睡眠和休息，二是要注意饮食与营养卫生。

2.听课要全神贯注

学习效率，取决于信息渠道的畅通与信息活动的质量。听课是接收信息，是信息活动的第一道关口，能否全神贯注，决

定信息接收的量和信息活动的质，决定整个学习过程的效率。

3.积极认真地思考

学习离不开思考，听课是学生学习的一种主要形式，也离不开思考。多思还能调动我们的思维，从而让我们专注于课堂。

4.认真回答老师的问题

在课堂上，老师提问是必不可少的教学手段，每个同学都有被老师提问的经历。该怎样正确、礼貌地对待老师的提问呢？请记住：

（1）回答问题时，应先举手，经老师允许后再起立发言。老师未点到自己的名字时，不要抢先答话。

（2）起立回答时，姿势、表情要大方，不要故意做出滑稽的引人发笑的举止。说话声音要清脆，不要太小声，以免老师、同学听不清楚。

（3）当自己恰好回答不出老师的问题而又被点到名时，切不可有抵触情绪和行为。这时应该勇敢地站起来，以抱歉的语调向老师解释说："老师，这个问题我不会回答，请原谅。"

（4）在其他同学回答老师提问时，不要随便插话。如别人回答错了，或者回答不出而老师继续面对大家提问时才可以举手，并在得到老师允许后，站起来回答问题。

因此，任何一名小学生，要想学习好，都必须在课堂上集中注意力、认真听课，而当你因注意力无法集中而影响学习，倍感苦恼时，不妨采用以上方法来矫治、训练自己注意力、提高自己专心致志的能力。

踊跃发言、积极回答老师提出的问题

前面，我们已经提及了课堂学习对于小学生的重要性，唯有认真听课，才是学好小学知识的前提，尤其是三年级以后，如果没有好好利用课堂时间，压力则更大了。课堂上做得最多的就是——听，比如，当你回家后，可能会被父母询问最多的就是“今天上课有没有仔细听？”其实，课堂还有非常重要的一个环节——回答课堂上的问题，而且是积极主动地举起小手。

那么，为何说积极回答问题非常的重要呢？下面我们就一起来看看吧！

首先，你积极举手发言能促进你听课更专注，不开小差不做小动作。因为只有你认真听课才能积极举手发言。

其次，你的积极举手发言能提高老师的积极性，让他讲课更加投入认真。因为你的积极举手是对老师辛苦讲课的最好回报，老师看见你积极举手发言，心里也是很高兴的。

再次，你积极举手发言能够让老师及时地发现你学习中碰到的一些问题。比如说你一个问题回答错了，老师会在课堂上及时纠正，那么给你留下的印象肯定比课后纠正更深刻，那再次遇到这个问题就不会再犯这个错误了。

最后，你积极回答肯定会赢得老师的表扬，这样对于你培养自信是很有帮助的！

那么，作为小学生，该如何在课堂上做到踊跃发言、积极回答问题呢？

1.认真听课，认真思考，提出自己的想法，发现问题

在课堂上，有时候某些知识点难度较大，这些问题需要你主动询问，还有一些题目，可能你的答案是对的，但思路未必正确，当你在课堂上提出自己的想法时，老师可以及时地为你讲解正确的思路，并且指出究竟是哪里有点问题。这样做比直接接受标准答案，记忆会更加深刻，并且理解更加透彻。

2.做好预习，带着问题上课并且发问

我们需要为课堂上做好准备，首先是课前预习，预习的时候有些不理解的问题是非常正常的，可以自己做好标记，带着疑问去听课，效率会更高。其次是课后复习，新知识需要不断地练习巩固加深印象以及自己的理解，转化为自己的知识。

3.培养自觉的习惯，要主动参与课堂

课堂上积极回答问题，参与到课堂的氛围中去，慢慢地会逐渐从“上课我要积极回答问题”转化为“我想积极回答问题”，意识到自己就是课堂的主人翁，更是学习的主人，培养自主学习的习惯。要知道，小学阶段的你虽然年龄还小，但也可以承担部分责任，不仅在学习上，在生活中更是如此，自己的事情自己做，不断改善，不断进步。

4.举手回答问题能避免上课走神，提升听课效率

长时间都处于一个吸收状态，可能会感觉到疲倦，这个时候就需要外界的刺激，使你保持专注认真的状态。上课举手回答问题其实是需要勇气的，并且在举手的过程中还需要不断地组织语言，想清楚怎样把自己的解题思路告诉老师以及各位同

学。大脑处于高速运转的过程，自然而然精神就集中了。像这样上几节课过后，会有明显的饥饿感，大脑的高速运转是非常消耗能量的，因此，注意一日三餐，均衡饮食哦。

5.举手回答问题需要勇气

当你第一次在课堂上举手发言时，可能有些紧张，这极度考验你的勇气，一旦有了第一次，第二次则会轻松很多。尤其是回答准确，得到老师的表扬与同学的掌声时，是非常开心的，一股小小的自豪感油然而生；回答错误，则根据老师的提示，越挫越勇；只与正确答案相差一步之遥，更会反复思考，集中精力参与课堂。孩子课堂上积极举手的次数越来越多，回答问题的声音越来越肯定，有利于提高孩子的自信，锻炼语言表达能力。

课间休息可以做哪些游戏

课间10分钟休息的时候，小朋友们走出教室，玩小游戏，既可消除大脑疲劳，增进身心的健康，又能提高交往能力，增进友谊和情感，还可以使部分患有心理障碍的儿童得到矫治，这是多么好的活动啊！以下介绍了几种可以在课间进行的游戏：

1.猜成语

先选出一位主持人，由这位同学拿来四张纸，然后写一句成语，一纸一字，如狐假虎威。

再挑选出四位游戏者，让他们站成一排，然后用别针分别将成语中的一个字别在他们背部上，再将这四个人围成一个圈，按逆时针方向跑跳步三周，再解散，每个人都尽力去看另外三人背上写的什么字，一旦看到，就能判断自己背上的字，比如，一位同学看到狐、虎、威，就可以举手向主持人报出自己背上是一个“假”字，先猜出者为胜。

2.欢乐猜拳

这个游戏很受女生们的欢迎，大家可以围成一个圈，大家面对中心，人数必须是双数。游戏开始，大家拍“大麦”①自己击一下掌；②侧开与两侧同伴合掌；③翻掌，用掌背与两侧同伴相碰；④同①。并齐说：“赛、赛、赛，阿拉马克赛，一个接一个，阿拉马克赛，这么好的天气飘雪花，这么好的鞋子漏脚丫，这么好的孩子小傻瓜！”接着，各自旋转小臂并说：“咕碌咕碌锤！”（此时每二人面对面“石头剪刀布”猜拳，若相同则再转小臂重猜，直至决出胜负）负者退下，胜者重新组成圆圈，再拍再唱，最后剩下者为胜。

3.跳绳夺帕

两个组的甲乙丙先每个人拿出一个手帕，然后将手帕的一角掖在衣领后面，然后几个人依次跳进长绳里，在一边跳的同时，趁机夺走对方的手帕，先夺到者得分，积分多的组为胜。平局加赛，直至决出胜负。

4.三打白骨精

这个游戏两个同学就能玩。两人背对背站立，相距两步

远。游戏开始后两人一块唱："孙悟空三打白骨精！"并在原地合拍双足跳三下，而到听到最后的"精"字时，必须同时做180度跳，同时在落地前还要做一个造型动作。造型动作有三种：

（1）抬起左膝，右手反掌心在额前作搭凉棚状，同时左臂微屈勾拳为孙悟空。

（2）双手叉腰，两腿侧开为白骨精。

（3）双手合掌于胸前为唐僧。

看过《西游记》的同学都知道，这三个人物的制约关系是：孙悟空胜白骨精，白骨精胜唐僧，唐僧胜孙悟空。如果刚好遇到二者造型相同，那么需要重来一次，方法同前，一旦造型之间建立了制约关系，负者就要给胜者恭敬地鞠一个躬。

5.翘板接毽

游戏需要准备学生尺一把，一块大橡皮，一只毽子。在课桌上，用大橡皮和尺子搭成一个小翘板，一端放毽子，另一端翘起，游戏者依次进行。

做游戏的学生可以用手取拍其中翘起的一段，此时，毽子会弹起来，游戏者如果能用手接住就可得1分，每人可拍接5次，积分多者为胜。熟练后，可以换成脚、手肘、面额部接毽等。也可以选一人拍翘，让另外的抢接，接到者可得1分并当拍翘者。

6.小猴捞月

这是个有趣的游戏，学生们三五个人手拉手围起来，形成一个"水井"状，然后再选一个小朋友站在圈内当"小月亮"，另外再选两个小朋友站在圈外当"小猴子"。

一开始，大家按逆时针方向一边转圈走一边唱儿歌：“小月亮，晃悠悠，乐得小猴翻跟头；小月亮快快跑，小猴捉住不得了！”唱完儿歌，两个“小猴”钻进“水井”，手拉着手去捉“小月亮”，“小月亮”只能在圈内逃跑躲闪，一旦被捉住就要说出一个带“月”字的成语、诗句或表演一个小节目。接着由这个同学指定别人担任“小月亮”和“小猴子”的角色，游戏重新开始。

7.装卸木材

拿出一个铅笔盒，放在桌子的一端，在铅笔盒上横放10支铅笔，另一端放1只纸叠乌篷船，大小和铅笔盒相同，再配备2根钥匙圈，钥匙圈用30厘米长的细绳拴住。

这一游戏分两组，一组两人，分别站在桌子两边，拿起带圈的绳子，在听到指令后，用圈插进铅笔两头，保持好平衡，把铅笔一支支抬到船上，规则是圈不能碰到桌面或者铅笔盒，否则游戏需要重新开始。裁判员计时，哪组完成得最快为优胜。如果参与游戏的人多，则需要配更多的几个课桌，大家同时进行游戏。

第 02 章

认真做笔记，让笔记本成为你学习的好帮手

我们都知道，小学课堂上只有短短的45分钟，但老师却要讲那么多的内容，要想全都记住，除了用脑子以外，就必须得准备一个笔记本，记下老师讲的提纲以及重点内容以便日后复习，很多时候记课堂笔记已经成为了一种学习方法。因此，每一位小学生都要养成随堂记笔记且认真复习笔记的习惯，进而让笔记本成为学习的好帮手。

把听课笔记作为一种自觉的行动

前面，我们提及，对于小学生而言，记笔记是课堂学习的重要方面，所有的教师都强调要做课堂笔记，每个学生也应该认识到记笔记的作用和意义，且要把做笔记变成一种学习习惯和自觉的行为，从提高学习效率和学习成绩的高度去认识做听课笔记的意义。要把做听课笔记作为一种自觉的行动，而不能高兴就做，不高兴就不做。当然，除了要持之以恒地做笔记外，我们还必须养成良好的记笔记的习惯，因为做笔记的目的是真正掌握知识，而不是形式化的。

我们先来看看下面这位学生的学习心得：

“我现在五年级了，从三年级开始，班主任老师就告诫我们要搞好学习就必须做笔记，一味地依托于书本是不行的，记笔记并且吃透笔记，就能获得好成绩。我一直谨记这一点，我的书柜中装满了各科的笔记，当我对某个知识点产生怀疑时，我都会拿出以前的笔记本，久而久之，这些知识都已经被我装进脑子里了。我记笔记有一些习惯，如我会用颜色不同的笔标出我认为重要程度不同的知识点；在笔记本的右侧，我会单独留出一个空白的地方，以便以后补充新的知识点；还有，如果是疑点难点，我也会用记号标出来……”

从这位学生的陈述中，我们看出他是一个很会记笔记并

且整理笔记的人，这就是一种良好的记笔记习惯。那么，生活中的小学生们，该如何培养自己良好的记笔记习惯呢？具体来说，你可以做到：

（1）整理你的笔记。将每门课的笔记本放在一个地方。每门课都要有它单独的笔记本。如用活页笔记，则要及时整理归纳。

（2）在课堂上不要乱涂乱画或编结什么东西，这些活动会影响做笔记，影响思想集中，打断与老师眼神的接触。

（3）学业上要有进取心。要努力做到集中注意力，把老师对每一题目的讲解过程都记录下来。

（4）要熟悉教师的讲课格式。教师通常是根据一套笔记来讲的，所以他们遵照自己的组织格式，你要认准这个格式。

（5）笔记的字迹要清楚，以便今后复习时节省时间。

（6）使笔记完整清洁，那么几个星期或几个月以后，你也能知道笔记的含义。但是不必用完整的句子记录，因为记笔记是一个选择、压缩和概述的过程。

（7）你认为你可能遗漏的词、短语或思想，在笔记中要为它们留出空位，课后马上请示老师或同学，帮助你将这些空白填满。

（8）常见字和一些常常出现的术语要用缩写形式。这能给你更多听和写的时间。

（9）用记号（如星号、箭头或在字下面划线）标注出教师强调的地方。

（10）将与讲课混在一起的作业另外列开，同样，将教师提到的书本或其他参考资料记下来并另外列开。在你进一步阅

读时，这些都是有价值的指南。

（11）将你自己的思想与教师的思想分开写。把问题、你自己想出的例子、想法和参考材料写下来是一个很好的做法，但一定要用括号或其他符号指出，这是你的而不是教师的想法。

（12）对于线索要机警灵活。教师常常会说“你们以后还会明白这一点”，或者“这是很重要的”，或者“这是个常见错误”。在边线外，用星号或其他符号将这种线索或重要的话语记下。要注意听这些列举性质的话：“下面是这一过程中的四个步骤”，以及“最后”“因此”和“还有”，因为这样的词句可能告诉你后面要讲重要的内容。注意其他的转折词、短语或句子，它们可能表示一个主要思想已经讲述完毕，接下去要讲另外一个了。

（13）记下教师所举的例子。这些例子常常能说明抽象的思想。用特别的记号如用“eg”标出它们是例子。

（14）在老师讲课结束时，你要像对讲课开始时一样严密注意。因为老师讲课的速度并不总是很精确地计算好的，他们可能不得不把一半内容塞在最后五或十分钟内讲。你要尽快地把这些紧挤在一起的结尾记录下来。如有需要的话，下课后，你还可以在座位上多留几分钟，尽量将你所能记住的东西都写下来。

（15）课后立即将你自己另外的想法写下来。

（16）课后复习笔记内容，如有需要，将笔记的结构改进一下。就像别的技巧一样，听课和记笔记需要实践。假使你真正努力去做，你很快就能跟上一位讲课讲得最快的老师的速度了。

总的来说，按照以上这些方面做笔记，你一定能做出一份“漂亮”的笔记，相信它能帮助你提升学习效果。

经常整理笔记，真正吃透知识

在学习过程中，相信很多小学生都被告知要认真做笔记，并且我们已经认识到笔记的重要性，它对于随后的学习和复习都是非常宝贵的；它还能帮助我们克服头脑中记忆和储存知识时的局限性，进而牢牢掌控知识。

研究结果也表明，做笔记的人比那些不做笔记的人在测验和考试中成绩要好得多。例如，有一项实验，在开始讲课后几个星期，对听课者进行一次测验，做笔记的人获得65%的分数，而不做笔记的人只得25%的分数。做笔记的人在测验前能够按照笔记进行复习和背诵，而其他人只能依靠以前的那点记忆。

然而，要让笔记真正能成为我们学习和记忆的帮手，并不是将知识记下来就可以了，还要经常整理笔记，整理笔记的过程其实就是不断复习知识和精简知识并将其转化为记忆的过程，在这一过程中，我们可以更好以意识到自己的问题。

可能你也有这样的感觉，在上课的时候，你认为很多问题已经听清楚了，所以笔记上没有详细记录，也没有向老师提问，但是你在整理笔记的时候，你应该思考每个出现的问题，如果你发现自己并未吃透某个问题，那么，你就应该好好利用

老师的答疑时间或者下节课时提出自己的疑问了。

下面是一名成绩优异的学生的学习经验：

“上学期的时候，我们的学习还没有那么紧张，我知道，到五年级了，学习紧张了，但是经过自己的努力，我及时地调整了自己的学习进度。毕业考试，我竟然超常发挥，这里，我说下自己的复习方法，第一就是勤做笔记，第二要善于做笔记，第三要时不时整理笔记。所以，我想告诉大家的是，一定要重视笔记，不仅要勤做笔记，更要经常整理笔记。另外，跟着老师的复习进度推进很重要。”

从这位小学生分享的经验中，我们看到了整理笔记的重要性。的确，由于种种原因，学生在课堂上所做的笔记，往往较杂乱，课后觉得不好用。为了巩固学习效果，积累复习资料，指导阅读训练，确有必要学会整理课堂笔记，使之成为清晰、有条理、好用的“导读助练”的参考资料。

对课堂笔记进行整理、加工，其方法与程序大致是：

1.忆

“趁热打铁”，下课或者放学回家后，就要赶紧拿出书本、笔记以及有关的学习资料，然后进行笔记整理，这是对知识进行梳理和回顾的重要环节。

2.补

课堂笔记，是对老师上课所讲内容的重要记录，所以，老师的讲课速度必定是快于记笔记的速度的，所以，笔记出现遗漏，跳跃、省略、简单甚至符号代替文字等情况是常有的，在

前面所做过的对“忆”的基础上，可以及时做修补。

3.改

笔记是随堂记录的，其中难免有错字、错句及其他不够确切的地方，课后要进行修改。其中，特别要注意与解答课后练习，与教学（学习）目的有关的内容的修改，使笔记有“准确性”。

4.编

用统一的序号，按照一定的逻辑性对笔记进行整理、排列注明号码，梳理好整理笔记的先后顺序，使笔记有“条理性”。

5.分

以文字（最好用红笔）或符号、代号等划分笔记内容的类别。例如，哪些是字词类，哪些是作家与作品类，哪些是作品（课文）分析类，哪些是问题质疑、探讨类，哪些是课后练习题解类等。为分类摘抄做好准备，使笔记有“系统性”。

6.舍

笔记中的冗杂部分，一定要省略和舍弃，使笔记有“简明性”。

7.记

分类抄录经过整理的笔记。同类的知识，抄在同一本子上，或一本子的同一部分里，也可以用卡片分类抄录。这样，在日后的复习中就能做到按需所取、纲目清晰、快捷好用，使笔记有“资料性”。

总之，掌握整理笔记的几大程序，你一定能吃透笔记，掌握知识，真正理解老师课堂讲解的内容，然后牢牢掌握知识。

如何复习笔记内容

对于每个小学生来讲，也许都想拥有一个好成绩，都希望名列前茅，事实上，那些成绩优异的小学生们都有自己的一套学习方法，但其中都绝不会缺少一项——重视笔记。

的确，不断整理复习笔记实现知识由“繁而杂”向“少而精”转化的好办法。做得好，可以把厚厚的一本书变成薄薄的几页纸；把一个复杂的专题变成一张系统表；把容易混淆的概念或不易记忆的内容改造成醒目的图示。总之，把书上密密麻麻的文字表述，变成各式各样的笔记形式，如果再使用彩色笔标记各种特殊符号，就更加容易理解和记忆了。有了系统的复习笔记，时常拿出来看看，可以起到提纲挈领、强化记忆的作用。因为一看复习笔记，就能迅速抓住知识的全局、重点、难点以及内在联系，又由于是自己整理的，所以印象格外深刻。毫不夸张地说，系统的复习笔记是极难得的学习备忘录，为自己复习阶段或临考前的复习提供了很有使用价值的资料。

做笔记不仅能帮助你集中注意力听课，而且能给你提供宝贵的学习材料。为了最好地发挥这种学习材料的作用，你必须多次复习笔记内容。

琴琴是一名五年级学生，第一学期，琴琴学习很努力，总是经常借周围同学的笔记来参考，她会将他们的笔记融会贯通，然后整理出自己的笔记。因此，可以说，在班上，没有谁的笔记有琴琴的齐全，但奇怪的是，琴琴每次的考试成绩似乎都不理想。

班主任老师也发现了这一点，于是，他准备找琴琴好好谈谈，这天下课后，他将琴琴叫到了办公室并说出了自己的想法。

“老师，我也不明白，我觉得自己真的很努力了，可能是不够聪明吧。”琴琴叹着气说。

“肯定是有原因的，没有谁比谁聪明，你跟老师说说你平时怎么复习笔记的？”

“还要复习笔记吗？不是整理一遍就已经算是复习了？”琴琴很诧异地问老师。

“当然不是啊，你整理笔记只是归纳知识的一个过程，而真正要将这些知识放到你的头脑中，你当然要经常翻阅笔记。啊，原来是这样。”老师长长地舒了一口气。

“怪不得我总感觉到考试中出现的一些知识点既陌生又熟悉，原来是我不熟悉笔记的原因，那么，老师，笔记该怎么复习呢？”

“你把你的笔记拿出来……”

可能有很多小学生都和案例中的琴琴一样，认为只要将笔记整理好就万事大吉了，但正如这位老师所说的，要将知识真正注入到自己的大脑中，我们还要经常复习笔记。在不断的复习过程中，你会进一步考虑怎样把已经形成的“知识网”，用最形象、最简明、最醒目的形式表现出来。这种考虑本身就是一种对知识的复习和巩固。

那么，我们到底该如何复习笔记呢？这包括几个步骤：

一上完课就要开始复习。放学以后，就可以回忆课堂上老师所讲的要点。回想一下教室气氛和老师——甚至老师的姿势、强调语气和黑板上的注释。这会帮助你的大脑记住老师所讲授的要点和思想，并弄清模糊的论点。可以问问自己，老师讲的话是什么意思，他的主要论点是什么？在下一堂课之前，把要问老师的一些问题或者你搞不清楚的一些论点记下来。

然后一有机会你就要开始仔细地复习笔记。在课堂内容记忆犹新的时候，通过复习，在笔记中的空白处填上相应的内容，回答一些你脑中复习讲课时产生的疑问，把在复习过程中出现的问题也写下来。通过复习，补充你对讲课内容整体概念

的理解，找出它的主要论点或思想（当你将一堂课作为一个整体来看待时，会发现许多论点具有更重要的意义）；按需要把笔记补全，安排在课前或到办公室去问老师，讨论一下你的问题，随后将答案写在笔记本里，否则，你还会弄不懂它们。

当这些笔记“冰冷”时，这类复习方式可能要花去十到十五分钟。但以后你再复习就不必花几个小时去弄懂它们。复习也能为下一堂课做好准备，因为下一堂课可能正是从现在结束的地方开始的。

在你需要恢复记忆或复习迎考前，也可以将笔记的内容再复习一遍。就是说，将笔记看作一本手抄的书，你就可像用课本一样地用它。如笔记做得完善，那么所起的作用就大。因为教师要考你的是他们所讲授的课程内容，至于这些内容是课本上的还是讲授的，他们是不会注意的。

总的来说，经常复习笔记，会更容易记住知识，那么，在考前的复习也就变得轻松多了。

将那些难题和错题用笔记记下来

在学习过程中，不少小学生会重复犯某种错，其实再难再容易错的题，如果总结成笔记，重点突破，一切问题也就迎刃而解。很多小学老师称，学生最害怕的事就是考试时不会做题和做错题。不会做题可能是因为觉得试题陌生或太难而无从

下手；做错题是本会做但因种种原因而做错了。实际上，要避免这两种情况。除了巩固书本基础知识外，平时要坚持做难题笔记和错题笔记。如果能养成坚持做难题笔记和错题笔记的习惯，并在做笔记时加以分析，使难题不难，错误不再重犯，这会明显提高考试时答题的正确率。

下面是一位成绩优异的小学生的学习心得：

“我总在听课时领会各个知识点的内涵，再通过做一些有代表性的题加深理解，然后去看书本，再次理解知识点。在学习中，做题不是目的，而是手段，做题是为了达到更深的理解。不要为做题而做题，但同时又要适量地做一些有代表性的习题。每次考试之后，我总是用改错本把错题抄下来，认真地改正，并在关键步骤旁注明所用的方法，然后在错题后写上评析，总结错误的原因。每次考试前，我总是把这个本子再仔细地看看，记住我为何犯错，这样就可避免再犯类似的错误。”

其实，不难发现，那些学习成绩好的小学生，都有一个学习法宝：一个错题本，一个难题本。

历年来，改错本在学习中起到的作用受到了学生的一致肯定。改错本就是收集错题的本子，也要一科准备一个，本子要准备厚一些的，以便于多积累一些错题。

除此之外，你还需要准备一个难题本，那么，什么是难题呢？难题就是自己觉得难以完全理解或者觉得对自己很有启发的以前没有想到的部分。比如，老师讲了三道例题，其中一道很简单以前做过，就不必记录。如果有一道对你很有启发，

觉得这是一个新思路，就记录下来。或者老师突然提到什么东西，你觉得很新鲜，也记录下来。

当然，你需要注意的是，错题本忌讳成为难题本，有些学生错误的理解了错题本的含义，把自己不会做的一些难题写在上面，这就失去了错题本的意义。错题本应该积累自己平时做练习和考试中“会做”而做错了的题目，积累的目的是在以后考试中避免出现类似错误。错题本应经常翻看，对一些已经掌握了的不再错的题目要加以删除，考试前复习时只要看看错题本就可以了。

下面，我们就来看看如何做难题笔记和错题笔记：

1.难题笔记

准备一本笔记本，将平时在学习和考试中遇到的难题摘抄下来，并标注出其中的关键难点、解题思路与方法，并给出其他的解题方法，真正吃透这一道题。此外，还可以根据难题的性质从横向分别加以归类。教育专家指出，无法解题的原因之一是，学生在审题后不能把当前习题归入知识系统中相同或相似类型之中。同类型难题归在一起，见多识广，这样就不会在考试时对不上号了，平时从纵向、横向两方面对碰到的所有难题进行分析归类并储存在脑子里，下次再碰到此类题时就能驾轻就熟了。

2.错题笔记

避免错误重现最好的办法莫过于把错题记下，从中吸取教训。

如果错误发生在审题环节，则应分析是遗漏了题目的要点或细节（因为有些题目是一题多问、一问多求甚至一求多法），还是看错了题。如果是题目归类错误，则要检查一下解决该题的有关知识有无掌握牢固。还有哪些漏洞，以便日后弥补和进一步巩固。

注重笔记的内容转换和知识转移

作为小学生来说，记笔记从字面上理解，重在“记”，如果记笔记仅仅是为了将来便于复查的话，这种理解并没有错，但小学阶段的学生，还要有运用和解决问题的能力，即不仅仅把他人的东西变成自己的东西，更重要的是把学过的内容消化吸收为自己知识体系的一部分。因此，作为小学生，要让你的笔记本成为你的超级词典，你一定还要注重笔记内容的转换。

1.明确做笔记的宗旨

做笔记的宗旨，就是进行知识转移。因此，做笔记时要以大脑为主帅、思维为中心、理解为标准、重点为获取，变老师和书本的知识为自己的知识。明白了这个道理，你就知道自己该怎样去做笔记。

2.把握做笔记的时机

做笔记的前提，就是不能影响听讲和思考，这就要求学生

做笔记时把握好时机。做笔记的时机有三个：一是老师黑板上写字时，要抓紧时间抢记；二是老师讲授重点内容时，要挤时间速记简记；三是下课后，要尽快抽时间去补记。

3.注意做笔记的方法

课堂笔记要注意四种方法：一是简明扼要、纲目清楚；二是利用短语、数字、图表、缩写或符号进行速记；三是语文、英语的重点词语和句型可直接记在书页边，便于复习时查找；四是数学主要记老师解题的新思路、补充的定义、定理、公式及例题。

4.注意笔记的方式

课堂笔记一般分三种情况来记：一是用自己的语言，把老师所讲授内容的重点记下来；二是一些重要的经典原话，定义、公式、论点、论据、结论、概念、时间、地点等，必须准确照抄；三是对不懂的问题和疑点，也要原样记下来，课后去研究、思考、查对和询问。

5.注意笔记内容

记笔记要注意两种倾向：一是像“速记员”一样，一切都记；二是像看电影一样，一切都不记。笔记一般包括四种内容：一是老师讲的重点、要点、难点与疑点；二是基本理论和公式的解释、说明、推导与结论；三是基本观点、论据、论证及一些有价值的数据、事实、实例；四是老师对某些新问题的新见解及老师对问题的分析思路、方法和技巧。

6.分清主次体

课堂上做笔记，最值得提醒和反复强调的就是要分清哪是主体、哪是次体。“听”与“想”是主体，做笔记是次体。一定不能“满堂记”和“满板记”，要保证自己去听懂，想好了再记。

7.不要只强调记得“漂亮”

有的同学一味追求课堂笔记做的“漂亮”，把主要精力放在做笔记上，常常因为看不清黑板上的一个字或一句话，不断地向四周同学询问。这样不仅失去了做笔记的意义，也将课堂“听”与“记”本末倒置了。

8.课后及时补充

由于课堂上的时间比较紧迫，老师所讲的一些内容当时可能漏记，下课后应尽快抽时间去补充。对课堂上所记的混乱部分，最好重新整理、归纳，这也是加深理解和强化记忆的一个重要环节。

9.尽量规范笔记

有的学生做笔记非常随意，今天这个本，明天那个本；或是今天一张纸，明天一张纸。最后所记笔记乱七八糟，到复习时东翻西找也不全。做笔记应尽量规范，最起码每科一本，这样用起来就方便。

10.不要抄别人的笔记

有的学生比较懒惰，自己课堂上不愿做笔记，下了课去抄别人的笔记。这是一种很不好的学习习惯，不利于锻炼自己的

总结综合能力。一定要记住，笔记要自己写。自己做的笔记对自己才有学习效果和意义。

掌握以上几点记笔记的习惯，相信你能做好笔记，也能真正将笔记内容转换为你的知识。

课外阅读也要记笔记

前面，我们已经分析过，记阅读笔记是一种良好的读书习惯，那么，什么是阅读笔记呢?

所谓阅读笔记，是指人们在阅读书籍或文章时，遇到值得记录的东西和自己的心得、体会，随时随地把它写下来的一种文体。古人有条著名的读书治学经验，叫作读书要做到：眼到、口到、心到、手到。记读书笔记就是“手到”。

那么，为什么要做读书笔记呢?打个比方，如果你去过菜市场，你把食材买回家，肯定想着把这些食材进行分择，留下我们认为需要的，丢弃我们认为不需要的。其实，读书也是一样，一本书中并不是所有的东西都是我们所需要的。正如从帕累托法则而言，一本书中只有20%的精华，而其余80%只是起到铺垫的作用，所以没有必要通吃整本书。

对于小学生而言，平时在课外阅读中，也要养成做阅读笔记的习惯，这也有助于你提高学习效率。因为笔记的内容都是我们对读书的心得、体会、重点知识的记载。那么，读书笔记怎么写呢?

读完一篇文章或一本书后，应根据不同情况，写好读书笔记。常用的形式有：

1.摘要式

摘要式读书笔记，指的是在阅读时将与自己学习或工作等相关的内容，比如，段落、语句摘录下来，强调的是准确无误。

我们在摘录原文时要注明出处，包括题目、作者、出版单位、出版日期、页码等，便于引用和核实。摘录要有选择，以是否有用作为摘录的标准。摘录式笔记可分为：

（1）索引。索引读书笔记是只记录文章的题目、出处的笔记。如书刊篇目名、编著者、出版年月日、藏书处。如果是书，要记册、章、节；如果是期刊，要记期号；报纸要记年月日和版面，以备日后查找方便。例如，庄照：《也谈为谁立传》，《光明日报·〈史学〉》。

（2）抄录原文 。抄录原文读书笔记就是照抄书刊文献中与自己学习、研究有关的精彩语句、段落等作为日后应用的原始材料。摘抄原文要写上分类题目，在引文后面注明出处。

2.评注式

评注式读书笔记不单是摘录，而且要把自己对读物内容的主要观点、材料的看法写出来，其中自然也包括表达出笔记作者的感情。评注式笔记有时对摘录的要点做概括的说明。评注式笔记有下列几种：

（1）书头批注 。书头批注，是一种最简易的读书笔记做法。就是在读书的时候，把书中重要的地方和自己体会最深的地方，用笔在字句旁边的空白处打上个符号，或者在空白处加批注，或者是折页、夹纸条做记号等。这种笔记方法不但对书中的内容可以加深理解，也为日后查找提供了方便。

（2）提纲。提纲是用纲要的形式把一本书或一篇文章的论点、论据提纲挈领地叙述出来。提纲可按原文的章节、段落层次，把主要的内容扼要地写出来。提纲读书笔记可以采用原文的语句和自己的语言相结合的方式来写。

（3）提要。提要和提纲不同。提纲是逐段写出来的要点，提要是综合全文写出要点。提要可以完全用自己的语言扼要地写出读物的内容。提要除客观叙述读物内容外，还带有一些评述的性质。

另一种提要，是对一篇文章或一本书的内容梗概作简要的说明。

（4）评注。评注读书笔记，是读完读物后对它的得失加以评论，或对疑难之点加以注释，这样的读书笔记叫作评注笔记。例如，鲁迅读《蕙櫋杂志》中的一段：清严无照《蕙櫋杂志》：西湖有严嵩和鄂王《满江红》词石刻，甚宏壮。词即慷慨，书亦瘦劲可观，末题华盖大学士。后人磨去姓名，改题夏言。虽属可笔，然亦足以惩奸矣。

（5）补充原文。补充原文的读书笔记，是在读完原书或文章之后，感到有不满足的地方进行补充。需要注意的是补充

原文不是随意地加以补充，而是要围绕中心思想加以引申或发挥。

3.心得式

心得式读书笔记，是在读书之后写出自己的认识、感想、体会和得到的启发与收获的一种笔记。它有以下几种：

（1）札记。札记是读书时把摘记的要点和心得结合起来写成的。札记的形式是灵活多样的，可长可短。

（2）心得。心得笔记也叫读后感。读书后把自己的体会、感想、收获写出来。这些读书笔记，可以写读书时的心得体会，也可以写对原文的某些论点的发挥或提出批评、商榷的意见。写这种笔记，一般是以自己的语言为主，也可适当地引用原文。

（3）综合笔记。综合读书笔记是读了几本或几篇论述同一问题的书文后，抓住中心评论它们的观点、见解，提出自己看法的笔记。

总之，做读书笔记不仅能提高阅读书、文的效率，而且能提高你的写作能力。这样，你不但学到了知识，锻炼了能力，还激发了自己的求知欲。

课外阅读笔记并不是越详细越好

“开卷有益，读书好处多”，这是自古以来人们的共识。

一个人要想在知识的山峰上，登得越高，眼前展现的景色越壮阔，就要拥有渊博的知识。知识是人类通向进步、文明和发展的唯一途径。书是前人劳动与智慧的结晶，它是我们获取知识的源泉。我们要让自己变得聪明起来，必须多读书，读好书。

对于小学生而言，多读课外书不仅能让你开阔视野，增长知识，培养良好的自学能力和阅读能力，还可以进一步提高你的认读水平和写作能力。

然而，任何一个爱读书且善于阅读的人都深知做阅读笔记的重要性。读书笔记指读书时为了把自己的读书心得记录下来或为了把文中的精彩部分整理出来而做的笔记。在读书时，写读书笔记是训练阅读的好方法。俗话说："好记性不如烂笔头。"所以，俄国文学家托尔斯泰要求自己：身边永远带着铅笔和笔记本，读书和谈话的时候碰到一切美妙的地方和话语都把它记下来。记下重要的知识，如有不懂可以再看一下。

然而，在笔记这一问题上，我们发现，一些人根本不做笔记；一些人则是盲目地做笔记。关于后者，如果我们翻看他们的笔记，则会发现，他们的笔记很详细。可能你会产生疑问，难道笔记不是越详细越好吗？当然不是！

做阅读笔记，如果将书本内容照抄不误，只不过是将书本知识搬到了笔记本上，对我们掌握知识、解决疑难毫无作用，并且，还浪费时间和精力，因此，我们做笔记应该有所侧重，尤其是应该记一些重点内容，那么，什么是重点内容呢？又如

何记笔记才能全面，效率高呢？

1.提纲

做阅读笔记不是照抄书本内容，而应详略得当，提纲挈领。记好提纲，使得一部分内容学下来后，觉得脉络清楚，然后可根据提纲进行回忆，补充。有了恰当的提纲，我们在整理笔记时，就可以进行补充和完善，加深对相关内容的理解和把握。

2.记思路

记思路是切实有效的，有了思路，就像航海时有了航标灯，自然就有了前进的路线和方向。记思路也要因地制宜，如果对于一些没有理解的内容，看了仍头绪不清，难以理解，比较茫然，这时，记思路就应该详细些，并记好结论，方便复习和思考。

3.记重点

首先要关注开头和结尾。在开头时就能明确提纲、把握重点，记录时就有的放矢。结尾虽话语不多，却是这节内容的精彩提炼和复习巩固的提示。

你可以多准备几种颜色的笔，把有关内容框出、划出，或者用彩色笔写出以求引人注目，突出重点。明确了重点，我们的笔记就能详略得当，经渭分明。在记录重点时，也要不失时机记下有关解析内容的经典范例和突破重点的巧思妙解。

4.记疑难

阅读过程中，如果经常遇到一些自己搞不懂的问题，此

时，你一定要记下来。可以在后面的内容中找答案，而如果一直没有答案，此时，你已经记下来了，你可以再回过头来重新阅读，也可以咨询其他人。但无论哪种方法，记疑难，都能帮你攻克问题，强化解决问题的能力。

5.记感悟

阅读可以分为三个层次，一是“懂”，就是看懂书上的有关内容，这是阅读要达到的初级层次。其次是“会”，需自己动手，动脑进行模仿练习和实践。第三是“悟”，就是对所学知识悟出道理来，对所训练的方法悟出规律来，从本质上进行把握。这是阅读的高层次，也是我们追求的效果。

6.记总结

每本书都有其中心思想，作为小学生的你要尝试归纳本书的精髓，达到高度概括，简明扼要。记录好总结的内容，使得所读的相关内容变得一目了然。如果自己能给出言简意赅的总结，说明这部分知识得到深刻理解，方法也掌握得游刃有余了。

都说“好记性不如烂笔头”，好习惯是可以借鉴的。一份好的笔记，字迹清晰、条理分明、主次得当，这些优点都是每个小学生可借鉴的。

第03章

抓紧时间学习，小学学习也不能太放松

我们都知道，对于小学生来讲，学习压力并没有中学生大，但这并不意味着小学学习就能完全放松，因为小学学习是中学学习的基础，打不好基础，中学学习难度自然会加大。任何一个成绩优异的中学生，都是从小学就开始努力学习的，而小学生学习成绩的好坏，多是与他是否会利用自己的时间有关的，没有时间的保障，学习无从谈起，所以每个小学生都要充分利用一切可以利用的时间，来执行自己的计划、实现自己的目标。

学习除了天分，只有努力

也许在每个小学生的心里，都有个共同的梦想——取得好成绩，于是，那些名列前茅的学生就成了他们羡慕的对象。有人认为，成绩好，无非是运气好罢了，其实，我们要明白的是，任何成绩都不是天上掉馅饼，成绩好的学生，除了方法到位外，最重要就是勤奋。

因此，每个小学生都要尽早认识到勤奋学习的重要性，可能你会有疑问：我现在已经上小学高年级了，曾经没有努力学习，荒废了很多时间，现在努力会不会已经晚了？当然不是，但你首先要做的就是收拾自己的心情，然后梳理好自己的思绪，从现在开始，为成功奋斗，“不叫一日闲过”！

著名画家齐白石年逾90，每天仍作画5幅。他说：“不叫一日闲过。”他把这句话写出来，挂在墙上以自勉。一次，他过生日。由于他是一代宗师，学生朋友很多，从早到晚，客人络绎不绝。白石老人笑吟吟地送往迎来，等到送走最后一批客人，已是深夜了。年老的人，精力是差了，他便睡了。第二天他一早爬起来，顾不上吃早饭就走进画室，摊纸挥毫，一张又一张地画着。他家里人劝他：“你吃饭呀。”“别急。”画完5张后，才用饭，饭后他继续作画。家里人怕他累坏了，说：“您不是已画了5张吗？怎么还要画呢？”“昨日生日，客人

多，没作画。”齐白石解释，“今天多画几张，以补昨日的‘闲过’呀。”说完，他又认真地画起来了。

齐白石已为画坛成功者，年迈之时仍不忘勤奋，这正是告诉我们：奋斗不分年龄，只要你把握现在。

现代社会，知识改变命运这个道理早已毋庸置疑，时代正在急速发展，各种技术日新月异，已经对生活在这个时代的人提出了新的学习要求，但无论何时，勤奋永远是任何一个孩子应该摆在第一位的学习态度。如果你没有时刻学习的意识，不通过学习了解掌握新技术，那么你跟不上时代的发展是必然的。

伟大的成功和辛勤的劳总是成正比的，有一分劳动就有一分收获，日积月累，奇迹就可以创造出来。这是绝对的真理。只有勤奋才是最高尚的，才能给人带来真正的幸福和乐趣。每一个小学生，都不要认为小学阶段学习压力不大就放松自己，而应该尽早树立正确的学习态度，唯有努力学习，你才有可能取得你想要的成绩。从现在起努力吧。你需要做到：

1.树立脚踏实地的态度

任何事情都必须要具备勤奋的态度，学习也是一样，真正的成功是一个过程，是将勤奋和努力融入每天的生活中，融入每天的工作中。

2.习惯是最好的老师

如果勤奋已经成为一种习惯，那么，它也就能变成一种理所当然的事。就像习惯睡懒觉的人认为早起是痛苦的，但习惯于早起的人却把早起当做一件平常不过的事，因为早起对于他们来说已经是一种习惯。

3.要有坚定的决心和持之以恒的毅力

这是老生常谈的话题，但依然重要。那么，如何做到中途不放弃？你要有良好的心态，乐观的精神和自信心。很多人选择目标后又中途放弃，就是因为觉得坚持这么久，没有成果，觉得自己学的没有用。其实，条条大陆通罗马，既然选择了自己的路，就要毫不犹豫地走，一直在原地徘徊，犹豫不决，不知是否该前进，只能让时间白白流走而已。

4.要找到适合自己的勤奋之道，也就是方法

你可以根据自己的性格特征找到一条自己的路。比如在看书上，每个人每天都有自己的兴奋点比较高的一段时间，你在这段时间可以看一些自己并不是很感兴趣的书籍，而在心情比较低落的时候看一些自己喜欢的书，调节一下。

5.必须要克服重重困难

学习也好比是一种长征——一种追求知识的长征！一本一本的书，一章一节的知识，如雪山、大河、草地一样需要你去征服。如果你缺乏征服它们的勇气和信心，你就只能站在知识的岸边徘徊、叹息。记住：乌云的上面就是太阳，困难的背后就是胜利！

爱因斯坦说："人的价值蕴藏在人的才能之中。在天才和勤奋两者之间，我毫不迟疑地选择勤奋，她是几乎世界上一切

成就的催产婆。”如果你能做到勤奋学习、勤奋做事，你必当会有所收获。

自习课时间别自娱自乐

在小学阶段的学习过程中，我们的课堂形式有很多种，除了老师为我们授课外，我们还经常会有自习课，相对于一般的课堂学习而言，自习课会自由轻松很多，于是，部分小学生会以为，自习课就是聊天、讨论或者做作业的时间，甚至有一些学生会把自习课当成自娱自乐的时间，犯一些违纪性的错误。总结起来，小学生们对自习课有以下误区：

误区一：自习课就是拿来自由和放松的。

不少小学生听到老师说“这节课大家自由安排”后，便完全放松下来，也有一些学生不知道该怎样安排，他们一会儿看看这本书，一会儿翻翻那本练习册，或者随便读读课外书，一节课下来，就这样漫无目的地荒废了。这是一种不珍惜时间的表现。我们难道不应该以一种积极的对自己负责的态度去对待我们的学习吗？

误区二：自习课成了讨论课。

同学之间，当然应该就某个问题进行讨论，这是自主学习的表现，但如果在学习中一遇到困难就寻求同学的帮助，那么，久而久之，你会形成一种学习依赖心理。

误区三：自习课就是作业课。

自习课时间，老师大多都会让学生自由安排，于是一些学生为了减轻课后家庭作业的压力，便将自习课拿来做作业，最终，一堂本可以充分利用的自习课便在疲惫中度过，认为作业才是自习课的主旋律，繁重的课业负担造成学习心理压力过大，心理障碍逐渐渐成。

误区四：自习课成为个别学科的抄题课、辅导课、补习课。

如此，自习课也就失去了应有的功能，影响学习成绩均衡发展，无意中形成了一种被动的偏科现象。

那么，我们到底该如何利用自习课的时间学习呢？对此，我们不妨先听听下面这位学习尖子生是怎么做的：

“每一节自习课尽管只有40分钟，如果把握好的话也可以做到事半功倍。我具体的做法是：首先制订一个详细的计划，然后根据制订的计划再来具体安排每一节课应该完成什么。通过这样的有机结合，把自习课充分利用起来，基本上已经成功了一大半。”

从这位学生的自述中，我们都能发现一点，要想成绩好，就要重视自习课的充分利用。

那么到底如何才能上好自习课，建议如下：

1.要明确自习课的任务，确定自习课要做的事

我们知道自习课要做的事可包括：巩固当天所学知识，完成当天所留作业；复习学过知识，预习将学知识；若有时间再看一些拓展类的课外读物等。

2.确保自习课的质量

在了解我们的自习课任务后，我们该怎样判断学习质量呢？自习的学习任务大致可以分成三类：作业、复习、预习。作业的效果是最容易判断的，只要是独立完成的，就可以了。而对预习，很多同学采用的就是看看而已，纯属走过场，实际上，只有动笔的预习才是有效的，而对复习，你需要做到，先不看书，闭上眼睛，在大脑中先将要复习的知识过一遍，想不起来了再翻书，然后再关上书在笔记本或者草稿本上把所学知识列出来，能列出来就可以，不用再回头去看书。

3.严格的纪律要求

作为班级的一分子，你需要从以下几个方面要求自己：

自主学习，相对于被动学习而言，一天当中的正课你都必须按照课表走，按照各老师的要求去做，只有自习课是你拥有绝对权力支配的课堂，是所谓“最自由的课堂”，可自由不等于放松，更不是自我放纵，你要充分利用时间来消化、复习、预习和扩展。

自觉学习，人贵在有自知之明，要做合乎时宜的事，学生在自习课上努力认真地学习，争取做到无需任何人的提醒就能进入状态，做一个有觉悟的人，不做与自习无关的事。

自己学习，顾名思义就是自己在学，而不是和别人一起学，不允许讨论研究问题，就是不允许说话。

总之，每个小学生，都要重视自习课时间，且充分利用好自习课时间学习，相信你在学习效率上一定会有所提高。

一日之计在于晨，充分利用早晨的时间学习

生活中，我们每个人的每天的生活，都是从清晨开始的，正如人们常说的“一日之计在于晨”，这就是要告诉我们早晨时间对于我们一天活动的重要性。的确，一个人在早上的状态如何，对一整天的工作效率有很大的影响。同样，对于学习压力并不大的小学生来说，也不可能忽略早晨的时间，没错，早晨是最适合学习的时间段。但是有不少小学生都有睡懒觉的习惯，即使闹钟响了，却还赖在床上，早晨对他们而言实在是头痛的时间。

每一个小学生，要想让你的一天更充实，就要从早起开始。

小泽征尔是日本著名的作曲家，他的成就主要来自两点，一是天分，二就是勤奋。

作曲家武满彻曾经在小泽寓所住过一段时间，他曾真切地感受到小泽征尔是怎么勤奋的，一次，他说：“每天清晨四点钟，小泽屋里就亮起了灯，他开始读总谱。真没想到，他是如此用功。”

原来，青年时期的小泽征尔一直有早起的习惯，即便后来成名了，亦是如此。“我是世界上起床最早的人之一，当太阳升起的时候，我常常已经读了至少两个小时的总谱或书。”小泽这样说。

事实上，除了小泽征尔以外，大多数的成功者，都是我们珍惜时间的榜样，作为小学生的你，也在努力寻找让学习效率

翻番的方法，方法有很多，但究其根本，你都不能忽视早晨的重要时间。因为在早晨，我们的身体在经过了一夜的休息后充满了能量，正是高效学习的时候。

那么，我们该如何利用早晨的时间学习呢？

1.把早起变成一种生活习惯

正像小泽征尔所说的，他每天四点钟就起床。事实上，越是忙碌的人，越应该巧妙利用早上这段有限的时间。

对于小学生来说，四点钟起床并不现实，但也应该提前起床，但是有一些小学生总是起床磨磨蹭蹭，七点才起床，然后匆匆忙忙上学，不是忘记带书，就是不吃早饭，这样怎么能好好学习呢？

另外，一些小学生说，每天学习到深夜，早上根本起不来，但其实，通宵学习并不是明智之举，然而，可能你没发现的是，那些成绩好的人，他们都不会打疲劳战。

2.起床前花几分钟时间规划好一天的学习

早晨的时间，你可以做个简单的时间段划分，一个是从醒来到起床，一部分是从起床到出门。这样分法是为了在每一个时段内，安排不同的使用目的。

其实，当你的闹钟响了，你不必像听到“必须要起床”的哨子声一样，醒来后，你不必要立刻起床，你可以躺在床上，将一天的学习计划先做好安排，或者思考一些疑难问题的处理方法。等到将所想的事情都整理妥善之后，再起床。

换句话说，一天内要做的事情在床上已经都做好了安排。

这个方法有以下的几个优点：

第一，清晨卧室里阳光洒进来，宁静安详，你可以安静地思考问题。

第二，人在休息了一整夜之后，思绪会得到优化，你很容易就想出好点子。学习上如果发生什么行不通的地方，利用早上这段时间，很容易找到解决的对策。

但是，如果你习惯性赖床，那么，当你还没想出对策前，又进入梦乡了。如果你是这种人，最好立刻起床。

3.一定要吃早饭

不少小学生因为喜欢赖床，出门前时间不够，往往只好牺牲早餐。其实，饿着肚子学习，效率更低下，所以无论如何，别亏待你的胃。

不得不说，早晨真的很重要。那么，为什么不充分利用早晨的时间呢？每天有二十四小时。无论是谁，一天二十四小时的事实都不会改变。而如何使用这二十四小时，决定了你的工作效率。从现在起，作为小学生的你，不妨养成早起和充分利用早晨时间的习惯吧，相信你会从中获益不少！

如何利用零散时间学习

人们常说，时间是公平的，我们每个人的一天只有二十四个小时，所以应该珍惜时间去充实自己，爱因斯坦说：“人的

差异产生在业余时间。”这位大科学家的话里，就可以看出他是多么重视、珍惜时间，同时也是运用时间的能手。

小学阶段的学习，相对于中学来说，压力并不大，小学生自己可以支配的时间不少，但这并不意味着小学生就能放松学习，因为小学阶段的学习是中学学习的基础，打好基础，才能在以后的学习中轻松驾驭，所以，小学生们也要充分利用一切可以利用的时间来学习。

其实，我们的生活有很多零散的时间不容忽视，比如等车的时间、临睡前的时间、提前到校的时间等，这一段段的零散时间，看起来短暂，但积累起来却不少。每个人一天的时间都一样，但是善于利用零碎时间的人，就能得到更多的益处。

下面是两个成绩优异的小学生的学习心得：

“我非常注重零散的时间，在等车、坐车、吃饭、行路时都带着卡片，时不时拿出来瞟两眼，日积月累效果还蛮不错。”

“别小看了零碎时间，坚持利用下来，你会发现受益匪浅。记得从三年级开始，我就是利用每天早上早操之前的10分钟背诵英语单词。结果小学毕业的时候，初中的英语课本拿到手上，我已经能自学了。”

这里，我们可以看出，作为小学生，要想取得好成绩，就要充分利用一切可利用的零碎时间。而从另一个角度来看，与零碎时间相比，大块时间的学习其实更容易导致疲劳的积累，使学习效率受到很大影响。零碎时间的学习能保持大脑的兴奋状态，效果极佳。而且，利用零碎时间学习一些必须熟记的生

词、公式、规则等，有利于反复记忆，加深印象。利用零碎时间的技巧很多。比如，我们可以准备一个随身携带的小本子，记上要背的单词和知识点，有空就读一遍；在起床、洗脸、刷牙、就餐等活动场所的墙上，钉上一个和视线等高的小夹子，夹上一张卡片，卡片上写上当天要背的单词、公式等；还可运用录音机，把要背的知识内容录下来，吃饭、洗脚的时候都可以听。总之，利用零碎时间学习，不仅会明显提高我们的学习效率，还能培养分秒必争的好习惯。

学生的大部分时间都是在老师掌控之下，很难有自主时间。若不善于利用零碎时间去处理了学习问题，很难做到轻松学习。究竟从哪些方面挖潜，怎样利用这些时间于学习之中，我们有如下观点。

1.善于利用课堂时间的“零布头”

课堂上有些时间是可以自己掌控的。比如，老师进出教室前后的时间，上课铃响的那段时间内，教室里多半比较嘈杂，此时，你应该让自己静下心来，对课堂内容进行预习。

而在老师板书的时间段里，你不应该和同桌以及前后座交头接耳，而应该赶紧回想一下刚学过的内容，并对这些知识着重思考或强化记忆，也能解决很多问题。如果你总能把握课堂上的零碎时间做复习巩固，也许在课堂上就解决了课下复习问题。实际上一节课要掌握的东西没多少，只要争取时间就能轻松搞定。

2.善于利用等待的时间

可能你每天都会有这样一些时间是处在等待中的，如等

车、排队等。等待很长时间让人觉得很无聊，如果你拿出平常准备的问题本，进行回忆和思考，或者拿出课本去记一些单词，那么，经常这样，就会使学过的知识变为牢固的记忆。

3.善于利用走路的时间

很多同学都是骑自行车或徒步上学，如果打算在上学途中记忆或思索一两个简单问题，也能轻松完成，关键是要有问题意识和善于思考的习惯。有时和同学们结伴而行，这时如果同学们相互争论一些学习问题，或相互提问一些要背诵问题，记忆会更快捷，更牢固。

4.善于利用睡觉前的时间

你可能也发现，当你躺上床之后，进入睡眠状态还需要一段时间，此时，你可以将白天学习过的知识在大脑中过一遍，起到回忆和思考的作用，记不起来的地方，要么马上翻看书本或笔记，要么记着第二天早上翻看。养成这个习惯，你就能将学过的至少能够及时复习，还能达到学而三思的效果。

5.善于利用和老师同学交流的时间

一些小学生习惯跟同学交流一些是非话题，甚至在课上都有说不完的话。还有一些小学生，一见到老师就躲，其实，老师和同学都是我们应该交流的，他们能帮助你在学习上有所提高。因为有的问题能够自己解决，达到大疑大进，小疑小进。有的问题百思不得其解，可以多准备一些这样的疑问，与同学进行交流或者请教老师。

总之，学习是一件需要我们认真对待的事，作为小学生，我们只有珍视一点一滴的时间，才能及早完成任务，及早着手复习，才能腾出时间做自己想做的事。

双休日也要学习，别把时间全部花在娱乐上

我国实行双休日后，无疑给学生们创造了更广泛的、可自己支配的空间，每年52个双休日就是104天时间，这是一个不小的数目，小学生们最喜欢的就是双休日，因为一到双休日，就能愉快地玩耍了，但这并不意味着到了双休日你就可以完全不顾学习、只顾娱乐了，实际上，那些成绩优异的小学生，在双休日从未停止过学习。

下面是两位成绩优异的小学生的体会：

“有的同学把学习当成享受，他们觉得双休日可以全由自己来支配，一天效率是平时上学的两倍，这样一来，每年生命便延长到了469天。而不善利用时间的同学呢，这两天懒惰下来，周一还要重新鼓动，一年生命还不到261天。可见，把握好双休日，对我们来说是至关重要的。

到了小学高年级以后，双休日更要以学习为主了，但不一定以学习课堂知识为主。有的专家认为，平时课堂知识没有学好的，应以复习课堂知识为主制订学习计划，其他则应以阅读课外知识性读物为主，适当地辅以课内重点内容的复习。一般来说，双休日两天，总共安排的学习时间以8～10小时为宜。

其他时间，可以根据自身的环境和条件，如到野外放风筝、游园、打羽毛球、滑旱冰，还可以在家里搞一搞家庭读书报告会、诗歌朗诵会、卡拉OK演唱会、猜谜晚会等，过一个融知识性、趣味性、科学性于一体的双休日。”

可见，对于小学生来说，面对双休日，尽管我们可能有很多种安排，但对小学生来说比较可行又有益处的过双休日的办法还是以学习为主。

当然，我们也不能将两天时间全部花在学习上，还应该适当休息，做到劳逸结合。

那么，具体来说，小学生该怎样安排自己的双休日呢？

（1）适当安排时间复习、预习课本内容，做到“温故而知新”，每天不少于两小时。

（2）晚上看电视、上网不要超过21：00再休息，要养成良好的作息习惯，当然，早上可以适当多睡会。

（3）加快学习的节奏。人在精神良好的状态下工作、学习、做事，效率和效果都会最佳，而适当地加快做事节奏，可以有效地刺激大脑，振奋人的精神。在一个小时内应完成的学习任务，不应拖拖拉拉用两个小时去完成。在学习时，加以时间限制使自己有一个紧迫的时间观念，防止拖沓。同时，做事节奏一加快，就可以把节省下来的时间做一些文体活动和休息调整，充实活跃自己的生活，从而更加有效地清除心理上疲感，注意力更容易集中。

（4）生活上丰富多样化。小学毕竟并不是学习压力很大的时

候，小学生在周末是可以放松一下的。如打球、听音、看电影、读一些杂志、下棋等，这样可以调节因学习而造成的心理疲倦。

（5）要走向社会。每星期不少于半天时间走进大自然，观察身边的人和事，观察社会的变化。一是人走进自然心情就会开朗了，二是作文来源于生活而高于生活。只有平时多看、多想，作文才不会空乏其辞，才不至于干涸，不然则言而无味，无话可写。

（6）进行体育锻炼。体育锻炼能让人产生一种驾驭感、超越感。因此在体育活动后，人会心情愉快，精神饱满地投入到工作和学习中。

最后，你还可以多帮父母做家务，有空的时候去社区看看敬老院的孤寡老人，多给他们力所能及的帮助。

总之，双休日的实行给了我们更多的自主空间。如果能合理安排时间，则有利于我们的发展。我们要做到学习、娱乐相结合，书面作业与口头作业相结合，课内作业与课外阅读相结合，学会自己安排学习生活，安排作息时间。只有养成合理的作息习惯，双休日才有收获。

寒暑假也要认真查缺补漏，有步骤地提升

对于小学生来说，一年之中最开心的就是寒暑假了，可是一到放假，小学生们既高兴又不高兴，接下来这个假期到底该怎么安排呢？痛痛快快地玩还是努力学习呢？可能你曾经会有

这样的疑问，班上某些同学，原本成绩并不理想，可是寒暑假一过、新学期刚开学的考试中，他们就取得了惊人的成绩，这是为什么呢？其实，这是因为他们充分利用寒暑假的时间查缺补漏和有效复习。

对此，我们来听听下面这位小学生在寒暑假是如何学习的：

“三年级之前，我的学习成绩并不是很好，只在班级的中游水平。不过，在今年的小升初考试中，我却拿了全班第一的成绩，一个很重要的原因就是我能够笨鸟先飞，平时寒暑假、节日放假的时间我都能合理地安排。

“我会在寒假时先预习一下下一学期的课本，特别是英语，这就需要提前去借课本，也可以去买课本和相应的课本同步资料。然后自己给自己制订好假期计划，每天看多少、做多少，双休日则逛街、打羽毛球、逛书城，有时还和同学去游览周围风景名胜。这样学习兴趣更浓厚，因为在玩中印证书本知识的兴奋劲使我回味。这样一个假期下来，自己对这学期要上的课已经基本熟悉了。课堂上，一方面把已经掌握的知识复习了一次，另一方面不懂的又可以在课堂老师讲课时解决，这就是我的笨鸟先飞的招数了。我在四年级上学期，整个小学语文和英语已经预习完了，对语文基础知识手册的基础内容也有所了解，这样为五六年级的语文学习减少了难度。真感谢自己当初的坚持不懈，我为当时的我感到骄傲、自豪！”

这里，这名小学生为什么能在假期后成绩提高很多？因为她充分利用了假期时间学习，当然，她并不是建议我们在寒暑

假争分夺秒地学习，相反，她建议我们劳逸结合，多参加一些娱乐活动。也就是说，合理的寒暑假计划，是要将学习与娱乐都考虑进去的。

那么，小学生该如何科学、有效地利用这个寒暑假安排学习和生活呢？建议采取以下学习与生活策略。

1.制订学习计划

寒暑假的时间都比较长，我们只有先制订一个适合自己的学习计划，才能将自己的学习状态调到最佳，从而高效地完成自己的学习。

比如：在一天内，你最好要保证自己的时间保持在7~8小时；学习时间最好固定在上午8：30~11：30，下午14：30~17：30，晚上19：30~21：30。

另外，你需要把休息的时间考虑进去，既不要睡懒觉，也不要开夜车；制订自己的学习计划，但主要是以保证每科的学习时间为主。例如，你数学定的是2个小时，但2小时过后任务还没有完成，建议你赶快根据计划更换到其他的复习科目。千万不要出现计划总是赶不上变化的局面。

晚上学习的最后一个小时建议把安排设置为机动，目的是把白天没有解决的问题或没有完成的任务再找补一下。

每天至少进行三科的复习，文理分开，擅长（喜欢）和厌恶的科目交叉进行。不要前赶或后补作业。记住，完成作业不是目的，根据作业查缺补漏，或翻书再复习一下薄弱环节才是根本。

如果遇到了自己解决不了的问题，千万不要钻“牛角尖”

或置之不理，可以打电话请教一下老师或同学！

2.认真查漏补缺

寒暑假是课堂之外的时间，对于平时学习中遇到的薄弱环节，我们正好可以利用寒暑假时间进行查缺补漏，比如，在期末考试中，看看哪些题失了分，弄清失分原因。比如，是基本知识没掌握好，还是学习态度不端正，或者是学习方法、学习习惯不好。要进行全方位的剖析。同学们在分析“过去”、总结经验教训后，为自己制订一套寒假学习计划，并坚持实施。

3.收集、整理错题

寒暑假期间，要有针对性地进行知识复习，尽量多做题，尤其是数学，做完题后要及时核对答案，看看哪些题目丢分，弄清丢分原因。

同时，还要把做错的题记录在错题集里，或用红笔作上记号，便于下一次复习。比如，英语若是客观题丢分，要认真研究该题失分的原因，数学或其他科目也可以用此方法进行复习，在复习的过程中，遇到无法解决的问题，可以汇总在一起，记在事先准备的小册子上，开学后请教老师。

总之，小学生科学地计划寒暑假的学习，你一定要考虑到自己的身、心、智的需要，从而让自己过一个有意义、充实的假期。

珍惜时间学习，但要注重学习效率

前面，我们提及，作为小学生，在学习上也不能太放松，为此，一些小学生会选择压缩睡觉的时间、压缩吃饭的时间、压缩休闲娱乐的时间等，把一切学习以外的时间都压缩到极致，仿佛就是学习的终极目标。

甚至有些学生为了花更多的时间学习，他们几乎达到了自己的生理极限，但进步仍然十分有限。看到自己在非常痛苦的看书做题的时候，有些个成绩比自己好很多的同学却似乎很悠闲的样子。如果时间利用都到了这步田地，自己还有再改进的余地吗？

实际上，我们一定要明白时间和效率的关系，它们并不是一直成正比的。对此，我们不妨先来算一笔时间账：

一个人中等努力程度三年级学生，除了上课一天用在学习上的时间大概有10个小时。这个时间长度可以保证他每天有充足的睡眠，有足够的时间来休息。如果我们要拼命地挤时间，大概能多挤出来多少呢？假设你每天只睡6个小时——这已经很夸张了，偶尔一天只睡6个小时都觉得没什么，而如果连续很长一段时间的话，很多人都会受不了。然后三顿饭总共只用1个小时，用在走路上的时间也要1个小时，用了洗脸漱口上厕所以及其他杂务也要1个小时。这样算下来，我们每天用来学习的时间达到了16个小时。这样，我们比别人的学习时间增加了60%。

这是一个可喜的数字，实际上，每天多60%的话累加起来确实相当惊人。一个人如果真的能这样坚持下来，取得进步也是理所当然的了。

不过，这笔账漏掉了一个很重要的东西——人与人之间的差异。比如，针对同样的学习内容，有些学生看一遍就能理解或者能记住，但换成另外一个同学，可能就需要两倍或者更多的时间。我们不难发现，成绩好的同学，在同一个问题上所花的时间确实比学习差的同学少很多。有研究证明，他们之间的差距是，前者一天学习10个小时的效果反而比后者学习16个小时还要高出25%！换句话说，我们付出了比别人多60%的努力，却换来比别人低25%的效果。

这是一个令人诧异的事实，尽管这个效率的差距可能不是2：1，但结论本身不会有太大的变化——如果考虑到一天学习16个小时，如此高强度的学习会让人身心疲倦、无法集中注意力、学习效率大幅度下降，那么这种效率上的差距只会更大。这就是为什么越是学习成绩差的同学，越觉得时间不够用；而越是成绩比较拔尖的同学，越觉得时间多得用不完。

学习好的人，因为看书做题很轻松，时间剩下很多，可以用来让自己取得更大的进步；而为学习苦恼的人，因为看书做题都很痛苦，效率低下，每天连老师布置的作业都难以完成，根本挤不出时间来学习，只能越来越痛苦。学习成绩的“贫富差距”越拉越大。

事实上，争分夺秒地抓紧时间学习固然好，但要保证学习

效率。拼时间、搞疲劳战术不可取，这样会影响学习效率，为此，你要注意劳逸结合。

小雅是五年级某班的学习委员，在提到学习心得时，她说："劳逸结合使学习不断进步。"小雅的爱好是打羽毛球，每次，当她学习累了的时候，她都会找几个朋友或同学痛痛快快地杀几个回合。曾经一次月考失利时，她将沮丧倾诉给了汗水，一场羽毛球下来，忧愁全无。小雅说，从来不熬夜的劳逸结合方式可以让学习效率日益提高。

从小雅的经验中，我们发现，会学习的人都不会选择疲劳战术，他们能够成为学习上的尖子生，也是深谙"学要学个踏实，玩要玩个痛快"的精神。

那么，在学习中，作为小学生我们该怎样做到劳逸结合、调整自己呢？

1.统筹兼顾、合理安排

你应该合理分配学习、休息的时间，做到劳逸结合，把握好生活节奏。

2.保证睡眠，事半功倍

高质量的睡眠永远是最有效的休息方式。无论是在平时还是临考，你都要调整好自己的作息时间，坚持早睡早起。另外，要防止失眠，你要调整好心态，放松心情才能很快入睡。

3.没必要补课

那些学习成绩优异的小学生，都坚持一个观点——小学生没有必要补课，的确，学习讲究的是方式、方法，打疲劳战术

是最不可取的。小学生活不像人们想象中的那么可怕，根本没必要将所有时间都投入到学习中，只要课上认真听讲，多和同学交流，把错误的题及时弄会，是很容易学好知识的。

4.留出一些机动时间

可能你会认为，忙碌的一天才是充实的一天，你也许还会把自己一天的时间安排得满满的，但一遇到突发事件，就手忙脚乱了，其实，你应该学会合理规划时间，留出一些时间处理突发情况；而即使没有出现这些突发事件，你也能给自己一个放松和休息的机会，或与父母、朋友联络一下感情等。

总之，每一个渴望提高成绩的小学生都要明白一点，单纯靠挤时间是没用的，你必须记住世界上有比时间更重要的东西：效率。我们每个人一天都只有24个小时，再怎么挤也有限；但是时间利用的效率是可以成倍提高的，提升的空间很大。当我们在思考如果利用时间的时候，首先要想到的不是怎么样去从哪里抠多少时间出来，而是怎么样提高现有的时间利用效率。

第04章

做好预习和复习，学习先人一步

古语说：“温故而知新”，经常复习才能提高记忆效率，可见复习对于学习的重要性。对于小学生来说也是如此，不过要掌握知识，除了复习，还要预习。然而，到底什么样的方法才更有效呢？其实，因为个体存在差异，适合每个人的预习和复习方法都不同，只有适合自己的方法才是有效的。当然，任何事物都是有规律可循的，多学习那些成绩优异者的预习和复习经验，也能帮助你更适合地找到合理的预习和复习方法。

做好课前预习，学习先人一步

我们都知道，在中国，不只是有着超强学习压力的中学，即便是小学课堂上，满堂灌也是一大特色，表现为老师在讲台上滔滔不绝地讲，学生在台下无精打采地听。很多小学生可能也已经习惯了这样的学习方式，然而，你是否经常感到学习很吃力、感到无法消化课堂知识？其实，如果你能在课前做足准备，那么，在听课时，你就能做到有的放矢，听课效率自然高得多。

凡是学习成绩优异的小学生，都是有预习的习惯的。的确，课前预习就像作战时的侦查工作，课前自学有点像作战时的战前侦察，哪是明确，哪是暗堡，哪是最坚固的地方，哪是薄弱环节等都能通过预习了解。

的确，课前准备对于学习的裨益是多方面的。

首先，独立的课前准备能帮你独立地阅读和思考新知识，从而加快阅读速度，也有助于提高你的分析综合和归纳演绎、判断、推理等能力。

其次，课前准备能帮助你发现知识上的不足，从而做到查缺补漏。

而最为重要的是，课前准备能提高你听课的效率。当你带着不懂的问题听课，目的明确，态度积极，针对性强，注意

力容易集中，并能随时作出积极的反应。预习后不仅上课容易跟上老师的思路，而且在老师讲到自己已经懂得的那部分知识时，还可以把自己的思路和老师的思路进行比较，以取长补短，提高思维能力。

东东现在读小学五年级，成绩一直名列前茅，他学习成绩好的一个制胜法宝就是：预习和复习工作做的很到位。他很注重复习，每天放学回家后，他都会花一点时间，将课堂知识重新巩固一遍，对于那些没有弄懂的知识，他会寻求爸妈的帮助。而同时，他也很注重预习。正因为如此，他在上课的时候，似乎老师要讲什么，他都知道。这天课间时间，同学们凑在一起聊天。

“我爸和我妈似乎一天都很忙，我放学回家，他们只会叮嘱我要好好学习，而从来不会花多少心思在我的学习上，更别说辅导我预习功课了。”一个同学这样谈到自己的父母。

“我爸妈倒不是，他们对我是盯得太紧了，我一回家，他们就会问我当天学了什么，从小学到初中这些年都是这样，这倒是一个很好的回顾、复习课堂内容的好办法，但回答完以后，我哪里还有多少时间去预习新课程？所以，我经常会觉得老师上课的内容很陌生……”

这时候，班主任老师，也走过来加入学生们的谈话：“我认为各个层次的学生都需要预习。成绩好的，预习工作可以跳出课堂跳出学科，拓宽视野。而对学困生来说预习更重要，否则讲课时往往会被老师牵着鼻子走，没有一点自己的主动

性，听课很累。而预习之后，假如这堂课上的三个知识点，他能提前弄明白一个甚至两个，那么就能较快进入课堂，听讲中也有侧重点和针对性。”

“是啊，预习和复习在学习过程中都很重要，一样都不能落下啊……”

的确，可能很多小学生会认为，复习在学习过程中很重要，而其实，课前准备也同样重要。当然，前提是你必须要掌握科学的预习方法。如果预习不得法，有时反而会适得其反。

有时候，在准备的过程中，你原本只是抓住了一点皮毛，反倒认为自己都懂了，上课就不注意听讲，这样就把知识的来龙去脉等重点错过了，显然是捡了芝麻丢了西瓜。

所谓预习，就是意味着在你认真投入学习之前，先把要学习的内容快速浏览一遍，了解学习的大致内容及结构，以便能及时理解和消化学习内容。当然，你要注意轻重详略，在不太重要的地方你可以花少点时间，在重要的地方，你可以稍微放慢学习进程。为此，你需要掌握以下两点课前准备的方法：

方法一：根据老师的上课方式预习。

在制订自己的预习方式时，最好先想想老师的上课方式是怎么样的，或索性直接去问一下老师，怎么样预习。因为预习的目的是课堂上能听得更好，而课堂计划是由老师来制订的，所以孩子的预习也要与课堂配套起来。

方法二：与习题配套预习，以便帮助查缺补漏。

这就意味着，你在认真投入学习之前，先把要学习的内容快速浏览一遍，了解学习的大致内容及结构，以便能及时理解和消化学习内容。当然，这要注意轻重详略，在不太重要的地方可以花少点时间，在重要的地方，可以稍微放慢学习进程。另外，在准备前，你可以购买一本与课本配套的练习册，买练习册时特别注意，别买参考答案只有一个数字的那种，而要选择有详细解答过程的，这样有助于你理顺思路，做错了也能弄明白为什么错，对于不懂的地方就要做出标记。

根据自身情况，制订合理的复习计划

古人云：“凡事预则立，不预则废。”无论是工作还是学习，都要十分重视计划的重要性，好的计划等于成功的一半。对于小学生而言，在复习时也要按照复习计划进行，相信大部小学生都希望自己能将知识牢牢把握，因为只有这样，才能获得好的学习成绩，然而，要想真正考出好成绩，还需要你们重视复习计划。恰当的复习计划，有助于统筹兼顾地安排好各科的复习。目标明确的复习，会大大提高记忆和学习的效率。

你可能会认为：老师不是在课堂上为我们安排好了复习计划吗？只要跟着老师的步子走就没有问题，又何必再费劲呢？这种想法极为不对，因为老师安排的复习计划是针对群体而言的，并不适合每个学生的，所以，你自身应该针对自己的情况，再制订一个适合自己的复习计划。这样两方面相互照应、配合，才会取得最佳的学习效果。

下面，我们来听听这位小学“学霸”的复习心得：

他说，我们可以制作一套表格，然后将那些实施效果栏分别填入A、B、C（字母“A”可以代表“复习效果良好”，“B”就代表“复习效果一般”，而“C”就代表“没有实现预期的复习效果”），后期的复习中，对标A的内容就不必花费更多的时间，标B的内容就要在做题过程中多加注意，标C的内容考生必须重做复习计划。

另外，他提醒其他同学，在制订适合自身的复习计划时，

注意要达到考试要求的考查程度，在各个时间段结束之后，有必要根据复习情况填写实施效果栏，并把在该部分复习时总结的易错题目类型填入相应表格中，以便冲刺复习时更有针对性。

而对没有复习到位的知识，一定要在补救措施栏填好再复习计划，并在备考提示的重要事项备忘栏中进行备注，方便检查落实情况，真正做到不留考点死角。

从这里，我们可以看到，在制订复习计划时的一定要注重复习效果，并记录在案，这一点很值得大家学习。

那么，你可能又会产生疑问，到底什么样的计划才是真正适合自己的呢？其实，只要你在制订计划时多注意以下几点即可：

1.弹性安排，注意时间分配

可能一些学生认为，升学考试是决定自己一生命运的关键，因此，在制订学习计划时一定要把时间安排得紧些，这样，才能让自己拼命学，实际上，这种复习计划是不合理的。

因为我们每个人的精力都是有限的。小学学习没有中学压力大，更没有必要超负荷运转。在制订计划时，一定要把体育锻炼、看电视等运动、娱乐的时间适当留出一些。一天的活动要富于变化，各有固定的时间和步骤，健康、有规律的生活，才是有效学习的基础。

另外，制订计划时，你还要考虑很多因素，如现在的学习情况、家庭环境、体质、最佳用脑时间、各科的难度特点等。

2.个人计划应该与老师给出的计划相协调

个人计划不能与老师的计划相冲突，而应与其协调起来，作为其有益的补充，这样既抓住了复习的主体又照顾到了自己。

3.合理安排各科复习时间

根据自己对每门课的掌握情况，应合理分配各科复习所需要的时间，弱项多分配一些时间。另外，从制订计划开始到考前，对相应科目的复习遍数，以及每遍所采取的复习方式和所应达到的程度，最好都有明确的规定。

4.复习时间的安排要细化

以一周为单位，除上课外，有多少时间可用于自己复习？把这些时间以1小时或1.5小时为单位划分成时间段，根据不同的时间段，安排相应的复习内容。目标分配得越精细、越明确，越有利于提高复习的效果。

总之，你需要明白的是，制订复习计划不是目的，只是学习的一种打算，一种安排，是借此来循序渐进地获取和记住知识的一种手段。因此，复习并不是越详尽、时间安排越近，就越有助于我们提高学习成绩，只有合理的、适合你的自己的复习计划，才是最有效的。

遗忘有规律，复习一定要趁热打铁

我们都知道，小学生在学习的过程中，一定要重视复习，熟能生巧，对某个知识点的不断巩固能加深我们对该知识的印象，我国大教育家孔子主张“学而时习之”，说的就是这个意

思。另外，从记忆的角度说，因为遗忘过程有它的规律。科学实验证明，在学习材料刚刚记住的时候，经过1小时再检查，发现只能记住学习材料的 44%左右，而56%全被忘记了；经过一天后，再检查，只记住了33%的内容，而67%被忘记了；六天后，再检查，只记住了学习内容的25%左右。

可见，在学会和记住了某些知识后，紧接着的就是先快后慢地遗忘。因此，必须在还没有遗忘之前进行复习，以加深和巩固对学习内容的理解与记忆，使大脑的神经联系得到强化。

对于知识，要想记住，光弄懂还不够，还要及时复习，否则就会逐渐忘记。在这里还要认清一个问题，学过的东西，虽然忘了，但并不是彻底忘了，如果加以复习，由于过去曾经学习过，理解过，当学习的内容重新出现在眼前时，就会产生“再认”的作用，因而有可能迅速地回忆起来，即使回忆得不完全，再学习一遍，也比第一遍学习要容易些。因为学习过的东西在大脑里终究已留下了痕迹，这种痕迹在一定的条件下还是可以恢复的。所以学过的东西一旦忘了，不要认为过去的工夫就白花了。

那么，我们该如何复习才有较好的效果呢？对此，教育专家为小学生们提出了几点建议：

1.及时复习

心理学的遗忘规律告诉我们：识记一结束，遗忘就开始了。遗忘的进程是先快后慢，先多后少。据此，学习结束后要及时复习，趁热打铁。学习后在当天内复习一刻钟往往比一星

期后复习一小时的效果更佳。特别是对外语单词、符号、公式等意义不强的学习材料更需如此。及时复习犹如加固大厦，待大厦倒塌了再修补则为时晚矣。

2.睡前复习

研究表明遗忘的原因之一是活动的干扰妨碍了记忆。国外有人就做了这样的实验，让两名大学生识记同样的内容，一个熟记后睡眠，一个熟记后仍进行日常活动。结果表明后者的遗忘远远高于前者的遗忘。这是因为后继的日常活动干扰了前行的识记内容，睡眠则无此干扰。因此，若能在每天睡觉前坚持用一刻钟时间将当天学习的重要内容回顾一下，定能取得满意效果。

此外，清晨复习十来分钟也能取得类似效果，这是因为睡前复习无后继活动干扰，清晨复习则无前行活动干扰。若能既坚持清晨复习，又保证睡前复习，当然效果更好。

3.分散复习

遗忘规律告诉我们，及时复习并不能完全解决遗忘问题，还需要不断地定时复习。研究表明在定时复习时分散复习优于集中复习，即一次复习两个小时，不如分为四次，每次复习半小时效果为好。此外，随着复习次数的增多；定时复习的时间间隔可逐步延长。

4.试图回忆

有许多同学复习时习惯于一遍又一遍地读，实际上这是一种少、慢、差、费的复习方式。研究表明，有效的复习应多以

试图回忆方式复习为好。即在阅读材料几遍后，就掩卷而思，尝试背诵，实在回忆不起的地方再重复阅读、尝试背诵。如此反复循环，直到记牢为止，且将全部练习时间的80%用来试图回忆，20%用来诵读的效果更佳。这种方法之所以能提高复习效果，主要是充分调动了思维的积极性，增强了学习反馈；避免了反复阅读，平均使用力量，被动接受知识的状况。

5.过电影

“过电影”就是将所学习过的主要内容和难点在头脑中全部过一遍，如果能清晰地回忆出来，指把所学主要内容、难点内容在脑中逐一闪现，全部回忆一遍。若能顺利、清晰过完电影，则说明掌握的知识比较牢固。若过电影卡壳，或若隐若现，则说明这些知识有待进一步复习。若在考试或测验之前，以过电影方式进行心理彩排，不仅可自我考察学习的效果，而且顺利地过完电影，成竹在胸，有助于增强信心。“过电影”通常是进行阶段复习或总复习的一种有效方式。

已经记住了的外语单词、外语课文、数学定理、公式等，隔了一段时间后，就会遗忘很多。怎么办呢？一个重要的方法就是学习后及时复习。

综上所述，在学习过程中，坚持课后复习，阶段复习，期中复习和期末复习，是与遗忘作斗争的有效对策，是很必要的学习活动。

坚持复习，一日不落

提到复习，相信很多小学生们都很熟悉，因为这是老师经常强调的一种学习过程，复习在学习中起到了巩固、强化的作用，是将知识掌握的一个重要环节。学习中，只有把学过的知识经常地复习，才能牢记在心中。

有专家计算过：人的初次记忆，只能在脑海中停留1~2天，再次记忆，也只能停留15天左右，只有一遍又一遍地经常性去看，去记，才能牢牢地把知识记在脑海中。所以要把学到的知识很好地掌握，只有一遍又一遍地复习，也只有这样才能在考试中取得好成绩。

对于小学生来说，小学教材也许不比中学教材繁杂，但需要记忆的内容更多，要想做到一次全部记下来根本不可能的，所以及时复习是非常必要的一环，除了跟随老师在课堂复习外，更多的是根据自己掌握知识的情况及学习中出现的遗忘等现象，做好课外复习工作。复习不应是机械地重复几遍，而是把学过的知识更加系统化、条理化，纳入到整个知识体系中。

因此，每个小学生，都要做到像吃饭穿衣一样坚持日复习。

的确，复习有时候是非常枯燥的，读、写、背、做题是永恒的主题。没有坚强的意志，想学好是不可能的。惟有持之以恒，将自己的各项计划按时完成，最终才能取得满意的效果。

“学而时习之，不亦乐乎！”上课结束后，我们都要及时复习巩固知识，那么怎样进行系统的复习呢？

那就要有一定的计划，再把计划变成一种习惯。首先把每天学习到的知识，回家看一遍，记一遍，加深印象。然后过一段时间，再把以前学过的知识时不时地复习一下。等到期末考试时，再来一次系统全面的复习。这样“学而时习之”，成绩必然会有更大的提高。另外，我们还要从以下几个方面坚持日复习：

1.词汇记忆要坚持到底

这点是针对英语复习的，对于小学生来说，英语学习虽然不如中学生要求高，但小学是中学的基础，小学生也必须坚持记单词，并且，还应掌握这些单词的类型、短语以及词组用法。这样，到了中学的英语学习中，你会发现自己轻松很多。

2.重视写的作用

古人有不动笔墨不读书的习惯，写可以加深记忆，充分利用大脑的各种感官，在做到心脑手统一的同时，也可以起到预防错别字的作用。

3.听老师的话

这一点好像是教小孩子的口吻，许多同学不以为然，老是有自己的一套，全然不顾老师的计划。其实，这种做法有时是舍本逐末，因为老师的经验比我们丰富得多，该学什么，该怎样学都是经过仔细琢磨后才形成的。

4.纠错不放松

现在的复习应是纠错和做题相结合，我们在做题时一定要选择考题进行练习。平时在复习时一定要反复揣摩考试中易错的题，你会发现，经常错的，考试中爱丢分的总是那几个问题，你可以将平时考试中经常出错的题目重点标注出来，每周反复看。比如有的学生词汇很过关，但语法应用的不好，结果导致考试中经常丢分，那么这样的学生就应该把老师关于语法的讲义反复复习，弄清楚每项语法要如何应用。

相信掌握这些复习方法，对有些小学生来说也是很重要的。总之，学习中，你必须要认识到每天坚持复习的重要性，你只有将坚持复习和良好的复习方法结合起来，才能真正在学习上有所收获。

做好阶段性复习，将零落的知识串联起来

我们都知道，听课的重要性对于小学生来说已经毋庸置疑，但事实上，只听好课是无法真正掌握知识的。因为在听完课后，大脑中的知识是即时性的，很快会遗忘。可能你经常会有这样的感觉，在老师授课的过程中，你感觉自己已经全部掌握了这些知识，但在一段时间以后，你却已经把那些知识点忘得一干二净了，这是为什么呢？人的大脑都必须经过不断重复的过程，才能对某些事物形成真正的印象。

另外，在刚听完课后，我们头脑中的知识是零散的，没有逻辑性的，好像一颗颗掉落在地上的珍珠，必须通过“复习”这根线，把它们穿成一串美丽的项链，才能牢牢记住、成为自己的知识。

其实，小学生们羡慕的那些成绩优异的同学也并不是天才，他们也并非记忆力超人，他们之所以能取得令人羡慕的成绩，就是因为他们懂得复习的重要性，而复习就包括阶段性复习，可以说，阶段性复习是掌握和巩固知识的最佳方法。

关于如何进行阶段性复习，教育专家为我们支了以下几招：

第一招，明确复习目标

复习目标对复习课起着导向、激励、调节和评价的作用。复习目标的确定，我们要依据三个方面。

1.依据教材

复习要从教材整体性出发，按知识体系或按章节单元，抓住重点与难点，考虑复习目标，使我们把握知识的整体性，进一步对重点与难点知识进行加深与拓宽，从多层次、多角度认识重点与难点知识，以求解题时不会遇到大的障碍，紧扣住得分点。

2.依据考试大纲

复习要按考试大纲规定的范围、内容、题型、答题要求落实复习目标。特别是把握题目的难度系数：难度大了会挫伤我们复习的积极性和自信心；难度小了又会失去练习与考察的目的。

3.了解自身实际情况

所谓实际就是对自己的认知和能力要了解，以单元复习为例，你要清楚自己的薄弱环节所在，课堂上哪里没有听清楚的，都要在复习时重点对待，只有这样，才能做到查缺补漏，巩固知识。

第二招，优化复习方法

好的复习课就像一篇优美的散文，形散而神不散，使得我们在获取知识的同时也得到一种精神上的享受。要达到这样的效果，就必须优化复习方法。优化自己的复习方案，我们要把握几点：

1.以课本为依托

试题，具有新、全、活等特点，知识点多，覆盖面广，问题设计的角度新，题量大，对能力要求高。根据这些特点，复习时既要牢固掌握基础知识，又要会灵活运用基础知识去解决问题，既要全面掌握，又要突出重点。因此，我们扎扎实实地抓好课本知识点，把课本与资料有机地结合起来，使之互为补充，相得益彰。

2.着眼课内学习

重视课下复习，并不代表我们可以不重视课堂学习，相反，我们最好要将问题尽量解决在课堂上，上课前要认真做好课前准备，这样，在课下复习的时候，我们也能减小复习难度。

3.熟能生巧、勤加练习

复习的目的在于真正能运用知识，因此，你阶段性复习中，你最好要做到多练，练的习题要“精”，练的方法要“活”练的时间要“足”，训练应循序渐进，由浅入深，由简到繁。章节经营效果抓基础，单元练习抓重点，全面练习抓综合。多练能训练自己的心理素质，使自己在考场上熟能生巧，巧能升华，临阵不乱，沉着应战，克服非智力因素造成的不应有失分。

4. 注重能力转化

知识和能力是密切相连的。知识的存在和增长，的确是能力产生和发展的必要条件。对某种能力的培养和考核，必须以相应的知识为载体。教师在传授知识、技能的同时，重点应放在对自身能力的培养上。

总之，小学生们复习，一定要重视阶段性复习，只有做好主动复习，自觉复习，才能真正做学习的主人。

小学复习资料的购买需要注意什么

对于小学生来说，学习难度并没有中学大，因为从中学开始，学生们就要面临中考和高考，除了要进行课本学习外，还要学习大量的复习资料知识，为此，一些小学生认为，小学没有必要买复习资料，实则不然，小学生仅仅学习好课本知识也是完全不够的，因为课本上的大部分内容大多数都是对知识的阐述，而知识应用的部分却不足，为此，要学会熟练地应用知识，我们就要通过复习资料来复习和练习。目前，市场上充斥着各种各样的复习资料，让小学生们应接不暇，不知如何选择。面对众多资料，有些小学生在难以抉择时，索性全部买走，在此，教育专家为大家建议的是，复习资料并非越多越好，选择有针对性的复习资料至关重要。我们先来听听一位资深小学教师的建议：

他认为，复习参考书应该符合三个条件：名校、名师、亲自执笔。那么，我们该怎样判断我们购买的参考书是亲自执笔呢？

这位教师说：“书上应该只有编者一个人的姓名，如果列出一大串人名，肯定是假的。一个好老师可能一辈子就写一二本书，但能禁得起时间的考验。”

接下来，他又说：“很多学生到了小学的高年级后，就开始和中学生一样大量做题，他们认为只有做题才能提高复习效果，但他们经常没有重点和头绪地做，在这一点上，不少老师也感到茫然，也只是一味地给学生增加做题的量，这样，学生感到很累，学习效果却也提高不上去。”

另外，他还建议小学生们：“小学生复习资料要依托课本和老师课堂上讲的知识，注重基础之上的巩固，而不是中学时候的拔高，挑选复习资料可以多听听老师和家长的意见，乱七八糟的一定不能看。因为有些题是东拼西凑的。现在习题很多，有些出题人会不负责任地随便抄袭。”

从这位教师的建议中，我们发现，小学生购买复习资料与中学生的侧重点不同，小学生复习资料购买要考虑到小学生的接受能力，要注重基础，不可一味地求难、求新。的确，随着人们对各种升学考的重视程度的增加，滋生了巨大的学生复习资料市场，其中小学生复习资料也是占据了一席之地。

我们不难发现，每年图书市场，考生们都会准备为自己挑选一些复习资料，然而，面对市面上五花八门的复习资料，到底应该如何选择，这成了所有考生都要面临的一种权衡取舍。

为此，在选择复习资料时应该注意以下几点问题：

1.以教材为基础

要知道，任何一场考试并不是要将我们考倒，而是要考察我们对基本知识的把握和运用能力，因此，我们在选择复习资料的时候，不要挑那些难题太大、脱离教材的，而应该那些以教材为基础，并在基本知识上难度稍微拔高的。

2.复习资料不宜过多

教育专家建议，做题无可厚非，但是不能完全依靠题海战术。很多小学生买来大量模拟题，做过之后只是简单核对答案，并没有真正掌握解题的方法。因此，在选择模拟题时，最好选择与教材相配套的模拟题深入研究，不应只为做题而做题，应该通过模拟题的练习，重点掌握解题方法和答题思路，这才是有效的做题。

3.针对自己的薄弱环节，选择重点复习资料

我们应该对自己的学习情况做总结，这时，能够发现自己的薄弱环节，那么，针对薄弱环节选择有针对性的复习资料。比如，在经过模拟练习之后，你发现自己语文阅读环节比较薄弱，那么可以选择一本专门的阅读资料进行相应的练习，但同样，抓住一本即可将该本资料仔细做完之后再选择另外一本。

另外，还需要注意的是，在选择复习资料时，一定要重视资料的印刷质量，决不能因为价格诱惑而选择那些印刷质量差的，因为假如某个题目的标准答案错了，那么，结果便可想而知。

小学生考前复习要注意的四大要点

在复习的众多类型中，考前复习是重要的部分，对于小学生来说也是如此，因为考前复习情况的好坏，直接关系到你考试的结果。于是，不少小学生会发出这样的疑问：考前该如何复习呢？与平时复习又有什么不同呢？对此，我们总结出，小学生在考前复习，必须要注意以下四大要点：

1.以培养思维方法为主要任务

也就是说，考前的复习，我们一定要注意的是，不能再机械地重复知识。你要明白的是，在平时的学习过程中，你所积淀的知识已经足够你应付考试了，另外，现在的考试的命题不是讲究知识覆盖面，试题的取材也多是课本之外的现实问题，这就要求我们有一定的思维能力，能灵活地应对和解决这些问题。

2.考前要注意调节情绪

考试前要保持坦然的心态，正确对待各种考试，不要把考试成绩当成评定自我价值的标准。学会快乐学习，让自己有更多的愉快情绪体验。研究也发现，快乐学习时学习效率才会最高。

努力复习功课，积极进取，但不要刻意追求。面对考试，要有一颗“平常心、平静心”。做到了行动上的“不急”，心理才能“不躁”。情绪稳定了，学习效率才会高。人际交往中不要大事、小事斤斤计较，免得影响学习心境。

丹丹在毕业考试中如愿地拿到了好成绩，她谈到自己考试成功的经验——保持平稳心态。

对于她的这一法宝，丹丹说，“从小妈妈就告诉我：‘心态决定成功。’其实，在平时每学期的期中期末考试中，我的学习成绩都一般，但小升初却考了全班第一，这应该是我放松心情的原因。”她建议大家，考试前不要想着要如何如何，应放松心情，尽力把自己的真实水平发挥出来就是胜利。

心态对于任何形式的考试的发挥都有非常重要的作用，对于小学生来说同样也是如此，作为小学生，我们一定要以一颗平常心对待考试，唯有如此，在考前复习时才能集中精神，提升复习效果，才能取得好成绩。要抱着“正常发挥就可以”的心态。

然而，在临考前的最后阶段，我们或多或少都会出现疲倦、浮躁、焦虑的情绪。如果你出现这样的情绪，那么，一定不要一味地压抑，也不必过于忙碌或特意悠闲，做些自己喜欢的事就是一种放松。比如：看点课外书、散步、打球、听听舒缓的音乐等，可以让自己减少紧张心情，调节好学习状态。

3.经常告诉自己考试前没必要紧张

积极的自我暗示有鼓励作用，在复习时，如果你出现了紧张情绪，那么，你可以这样暗示自己：“我一定行，没有必要紧张。”如果失眠了，就告诉自己：“失眠是不想睡，等困了就睡着了。”遇到不会的问题，告诉自己：“相信我一定能做出，如果我不会别人也不会。”再如：“我今天精神特别好，学习效率一定高。”“这几天胃口好，身体一定不会有问题。”通过暗示，减轻心理压力，消除紧张的情绪，达到鼓舞斗志的目的。

4.往最好处做，不要计较最后结果

考试前要认真复习、尽自己的最大努力考试，但对考试结果不要过早思考、过分顾虑。在考试前不要谈论考试结果的问题，也不要给自己下达“硬性指标”。要因人而异地安排复习时间，不要打疲劳战术，充足的睡眠、健康的身体、清醒的头脑是高效率学习的保证。

随着考前复习进入最后攻坚阶段，在复习这一问题上，“彻底放松”和“争分夺秒”都是不可取的。作为小学生，你要做到的是，相信自己、保持良好的心态，并在具体的复习过程中注重思维方法的培养，只有这样，我们才能在考前将知识熟练地掌握并运用，从而以最佳的状态迎接考试。

第05章 要想学习好，课后作业是大关

任何一名小学生都免不了要写作业，写作业是检验学习效果和复习知识的重要手段，因此，每名小学老师也都强调学生要重视课后作业，要想学习好，课后作业是大关，对于课后作业，你应该认真独立完成、坚决不抄袭作业，并且要善于借助工具书完成，唯有如此，才能让作业为你所用，帮你提升学习效果。

做好作业是重要的学习环节

对于一名学生，也包括小学生，做作业是重要的学习环节。作业可以帮我们巩固已学知识，也可以培养一种动脑筋的习惯。我们可以说，要想学习好，课后作业是大关。下面我们来看看一位小学生就关于做作业写的一篇作文：

老师这次给让我们写的作文题目是“做作业的好处”，同学们看了这个题目，也许会问：“做作业有什么好的，又伤脑筋。天天没作业做才好呢！在家里玩电脑，看电视，打游戏机，想干什么就干什么，没有作业的困扰，自由自在，不知多好！”

同学们，如你有这个想法就不好了，有作业多好啊！能开发自己的脑袋，让脑袋灵活起来，聪明起来，还可以在知识的海洋里遨游。上课的时候，老师提出问题时，我以前就因为不喜欢写作业，所以总回答不了老师的问题，看见其他同学回答出来了，我总是很羡慕。所以从那以后，我下定决心一定要认真做作业，经过我的努力，我终于赶上了别人，当老师再次提出问题，我总能回答出来，受到同学们的赞扬和鼓掌，我的心里总是无比自豪。所以我越来越喜欢做作业了，在二、三、四、五年级中当上了班长，我非常高兴。

同学们，我还要劝劝你们，一定要好好学习，好好做作业，不能总是想到玩！玩！玩！你们要知道，如果小时候不认

真学习，长大了就没出息，找不到工作，就养不活自己，俗话说得好："少壮不努力，老大徒伤悲。"所以，一定要珍惜我们现在的黄金时间，把时间都用在学习上，多做作业，才好。

我想，同学们听了我的话，一定会好好学习，那就加油吧！爱因斯坦说过一句话："学习知识要善于思考！思考！再思考！"我相信，只要写作业时，遇到难题，能够以爱因斯坦的这句话的思想去做、去写，就一定能成为有用的人。

从这篇作文中，我们能看到一位小学生对于做作业的正确态度，的确，对于小学生来说，做作业是不可避免的，那么，做作业对于小学生的学习有什么好处呢？我们总结出了几点：

1.为了及时检查学习的效果

经过预习、上课、课后复习，知识究竟有没有领会，有没有记住，记到什么程度，知识能不能用上，应用的能力有多强，这些学习效果问题，只凭自我感觉是不准确的。真正懂没懂，记住没记住，会不会应用，要在做作业时通过对知识的应用才能得到及时的检验。

如果作业做得很顺利，那么，在一定程度上可以说明这一部分知识掌握得不错。相反，则说明这一部分知识没有掌握好，要及时查找原因，进行调整。

有的同学在回忆考试失败的教训时说，自以为知识已经学懂了，作业可以不做或少做了，因此经常少做作业，甚至不做作业，这样对自己学习的真实情况就缺乏验证和了解，还茫然乐观，结果在考试时就一败涂地。

2.可以加深对知识的理解和记忆

通过课堂学习，对新知识可以初步掌握。可是对在不同的具体情况下，如何应用这些新知识，还不太清楚，而做作业正是对知识的主要应用，使知识的掌握变得更加准确、灵活和充实，使新知识不再是一种空洞的文字或死板的公式。实际上，不少同学正是通过做作业，把容易混淆的概念区别开来，对某个东西了解得更清楚，公式的用法也更灵活。可以说做作业促进了知识的“消化”过程，使知识的掌握进入到应用的高级阶段。

做作业还可以使知识不断地得到巩固，因为学到的知识，用得越多，记忆的就越长久。

3.可以提高思维能力

作业中如果出现问题，就会引起积极的思考，在分析和解决问题的过程中，不仅新学的知识得到了应用，而且得到了一定程度上的锻炼，思维能力在完成作业的过程中，迅速得到提高。

4.可以为复习积累资料

作业题一般都是经过精选的，有很强的代表性、典型性。因此，就是做过的习题也不应扔掉，而应当定期进行整理，作为复习时的参考资料。

可见，对于小学生来说，写作业能巩固你学所学过的知识，通过作业来加强记忆，还是有好处的。但每天都有大量的作业对学生来说也是一种负担。作业可适量布置一些，特别是对小学生更要注意作业的量。

独立完成，别把作业当成完成任务

我们都知道，学习是学生的天职，而要学习就离不开做作业，这一点对于小学学生来说更是如此，作业是检验小学生学习习惯、方法以及学习成果的重要举措，每个小学生回家后的第一件事就是写作业，可能有些小学生认为，只要听好课就能取得好成绩，作业无所谓，于是，他们常把作业当成完成任务，也有很多抄袭作业的现象。而实际上，老师布置的作业，都是他所讲解的知识的浓缩，做好作业，能帮助你更好地消化这些知识。

我们发现，那些成绩优异的学生在分享自己的学习经验时，都会提到独立完成作业这一点，他们认为，认真做好老师布置的作业也是提高成绩的重要环节。老师布置的作业要独立完成，努力思考，积极开动自己的大脑，结合上课老师所讲的新方法解决题目。

实际上，很多高考状元都会把每次的作业当成一次考试，因为只有专注，才会有高效率的成果。

一位从小到大学习成绩都很优异的孩子在谈到自己在小学时的学习经历时，他说："常常听说有些同学晚上做作业到12点。其实小学并没有这么多作业，问题的关键是效率不高。在我看来，提高效率有两种基本途径：专注和限制时间。专注说来容易做起来却很难。我们可以培养自己专注的能力。一种最简单的方法就是心理暗示。在做作业前，你可以先不断告诉自

己：我要认真学习了，我不可以受任何人影响，然后你再开始学习。专注其中而达到忘我的境界，你的效率会自然提高。我们家很小，所以我每天都是趴在饭桌上学习的，饭桌上的香味往往很容易分散人的注意力，但我会不断给自己暗示，必须投入学习，心无旁骛，现在看来效果真的不错。限制时间是提高效率的另一个有效途径。平时作业就要训练自己在规定时间里完成，到了考试才会从容不迫。”

从这位学生的学习经验中，我们发现，他在做作业时，会注重两点：专注和限时，而这两点，都是任何一个小学生必须要训练出来的素质，想必，这也是他为什么成绩优异的原因。

的确，如果你问：人在什么情况下才能不走神呢？只有当一个人被规定在一定时间内，要完成某一件任务时，这个人的注意力才会高度集中。考试基本功的好坏就在于平时对作业的态度。因此，我们就应该对自己的考试素养和习惯进行培养，在做作业的时候，也要对自己进行像考试一样紧迫的训练，那么考试的时候就感觉是在做平时的作业，考试就会很容易。

当然，独立完成作业，强调的当然是“独立”二字，作业不独立就完全失去了作业的任何积极意义，那就不如不做，此外，你还需要明确的是，我们一定还要坚决反对那种单纯任务观点，为应付老师检查而作业的不良习惯。作业实际上是课堂学习的继续，通过作业巩固课堂所学知识，检验课堂听讲的效果，培养自己独立思考、分析问题、解决问题的能力，提高学习的自觉性和积极性。当然作业中出现的疑难问题，在经过充

分的思考、分析后可以向老师、同学请教或开展讨论，对作业中的错误，要及时分析错误原因进行纠正。

总之，一个小学生，只有做好作业作业管理，才有可能取得好成绩。为此，你需要做到两点：

1.限时

回家要写作业，要记录学习的时间，要限时学习，否则就是超量，不要超过规定的时间。提高学习效率，方法要对，老师的知识吸收得怎么样就看作业时间了，所以要平时训练有素，每次越快越好，快而又准。

2.专注

你一定要坐得住，做作业之前，要告诉父母不要打扰你。有安静的学习环境，你才能专心学习。多数学生学到半夜是因为学习效率太低：没预习，听不懂，翻资料，问别人，抄题目，写答案。

记住以上两点做作业的要点，相信你一定能从作业中有所收获！

做作业要专注，不可三心二意

人生在世，要有一番成就，就必须要学习，学习是获取知识和能力的重要途径，这是毋庸置疑的。然而，学习必须要专注，其中就包括做作业，对于小学生而言，做作业是最重要的

学习任务之一，在做作业时，你要尽量做到“充耳不闻”，才能训练自己的专注力。

我们先来看下面一个故事：

孔子带领学生去楚国采风。他们一行从树林中走出来，看见一位驼背翁正在捕蝉，他拿着竹竿粘捕树上的蝉，就像在地上拾取东西一样自如。

“老先生捕蝉的技术真高超。”孔子恭敬地对老翁表示称赞后问：“您对捕蝉想必是有什么妙法吧？”

“方法肯定是有的，我练捕蝉五六个月后，在竿上垒放两粒粘丸而不掉下，蝉便很少有逃脱的。如垒三粒粘丸仍不落地，蝉十有八九会捕住；如能将五粒粘丸垒在竹竿上，捕蝉就会像在地上拾东西一样简单容易了。”捕蝉翁说到此处，捋捋胡须，严肃地对孔子的学生们传授经验。

他说：“捕蝉首先要学练站功和臂力。捕蝉时身体定在那里，要像竖立的树桩那样纹丝不动；竹竿从胳膊上伸出去，要像控制树枝一样不颤抖。另外，注意力高度集中，无论天大地广，万物繁多，在我心里只有蝉的翅膀，我专心致志，神情专一。精神到了这番境界，捕起蝉来，那还能不手到擒来，得心应手么？”大家听完驼背老人捕蝉的经验之谈，无不感慨万分。

孔子对身边的弟子深有感触地说：“神情专注，专心致志，才能出神入化、得心应手。捕蝉老翁讲的可是做人办事的大道理啊！”

驼背翁捕蝉的故事向我们昭示了一个真理：凡事专心致志、

心无旁骛，才能出色地完成，把工作做好做到位，取得成功。

事实上，除了捕蝉外，学习又何尝不是如此呢？学习最要不得的就是三心二意。戴尔·卡耐基曾经根据很多年轻失败的经验得出一个结论："一些年轻人失败的一个根本原因，就是精力分散，做不到专注。"托马斯·爱迪生曾说过："成功中天分所占的比例不过只有1%，剩下的99%都是勤奋和汗水。"这句话告诉任何一个小学生，学习需要专注，不腻烦、不焦躁、一门心思学习才能取得好的效果。

为此，教育专家建议，小学生在做作业时，要有意摒除外界干扰，这不仅能提升做作业的效率，更能训练自己的注意力。那么，具体来说，我们该怎么做呢？

1.要有一个专门的学习场所

在有条件的情况下，你要在专门的房间内学习，房间要整洁、明亮，不需要繁复的装饰，布置简洁舒适即可。电脑和电视不要放在做作业的房间里，玩具收起来放到柜子或箱子里，以免在学习的时候分散注意力。

没有条件的话，最好也要有自己的学习角，让自己有安心学习的地方。

2.学习时不要做其他的事

我们发现，生活中，一些学生无论是不是在学习，都把电视开着，或者边玩游戏边学习。试想，这样怎么能聚精会神呢？这样自然不能集中精力去学习，久而久之，你便养成了一心二用的坏习惯。

为此，你必须克服这一缺点，学习时就认真学习，玩乐时就痛快玩，经过一段时间，你会发现，自己无论做什么事，都专注多了，而最重要的是，效率也提高了很多。

3.营造一个安静的不受干扰的学习环境

不得不说，环境对人的影响是很大的，良好的学习环境能起到促进激励你努力学习的作用，能帮助你全神贯注地学习和思考。

在做作业时，你要远离电脑、电视机、手机和玩具等会分散注意力的东西，不要一边学习一边做其他事。

4.让父母帮忙监督自己

作为家长都希望孩子好，因此，对于监督孩子做作业这件事，他们都很乐意，不过在请求父母帮忙监督前，要与他们约定好，说话要少而精，要有分量，不要一句话说多次，否则会破坏自己的注意力。

总之，每个小学生都要记住，不只是做作业，做任何事，专注是一种良好的助人成功的品质，从现在开始培养自己的这种品质，你也会收获成功。

自己完成，抄袭作业只是自欺欺人

小贝是个学习态度较好的男孩，但有时候也会犯糊涂。

有一天，当同学们来喊他出去玩的时候，他却躲在家里抄

课文，同学们问他怎么了，他说这是在惩罚自己，让自己记住教训。好不容易，他被同学们劝出去了，还没一会又回来了。他主动对爸爸说：“昨天下课的时候，老师让我们回家默写第一课的第五自然段，我想：默写多麻烦啊！老师又看不到，抄吧！说抄就抄，哈！太高兴了，不一会儿，我就抄完了，等着

吃饭，然后。我就出去玩了。我昨天还打了一个多小时的球呢。可是今天早上，老师不但检查作业，而且还要背诵课文。这下完了。当背课文时，我就像霜打的茄子一样，垂下了头。当时，我特别后悔。这下子，我明白了：不仅是学习，无论做什么事，不要耍小聪明，投机取巧，要不然自己会吃亏。”

“你能明白就好，学习的任何知识，都将受用一辈子，马虎不得，更别说耍小聪明了。”爸爸语重心长地说。

“我知道了，下次再也不会了。”

和案例中的小贝一样，很多小学生都会犯这样的错——抄袭作业，在学习上吃了心浮气躁的亏。

事实上，在课堂上，老师也教育学生们：“学过的知识好比一个脚印，想记牢就再踏上一只脚，踩实了。”其实意思十分简单，要脚踏实地地学习，不可以耍小聪明。说一句脚踏实地的话很简单，但做起来难。在开始时，有多少小学生信誓旦旦地承诺自己要脚踏实地走好每一步，可真正走起来，就忘了承诺。有更多的人羡慕别人的速度，其实光有速度不行，要有成果才行。学习与走路是一样的，人生之路是自己走的，要一步一个脚印地走。自己的路自己走，踩实了踩轻了都是自己的。有时一步可以让你悔恨终生。

其实，抄袭作业就是一种浮躁的态度，那么，为什么一些小学生喜欢抄袭作业呢？

（1）学生本身贪玩、无心学习或由于不擅长甚至不会某门学科而放弃对这门学科的学习。部分学生为了按时上交作业，

担心没有交作业被老师批评，而采取抄作业的方式。

（2）作业负担过重。一般对于小学生，即使每天每科作业时间平均为45分钟，但很多家长老师还为他们布置很多课外作业，对于学生，要么熬夜，要么抄，要么不做受批评。

（3）有些同学觉得老师布置的作业自己都会，做起来浪费时间，可又不得不做，就也通过抄作业来应付。

（4）自己懒于去思考，直接在家里玩，第二天去学校一抄了事。

（5）应对考试，使自己的解题过程接近标准答案。

要杜绝抄袭作业，教师就必须承认抄袭现象，分析其产生的根本原因，找到合理的解决办法。学生抄袭作业首先会严重影响学生的学业成绩，班级学风的建设，更深层的会影响学生的品质，学生一旦开始抄作业就很容易丧失自尊，养成懒惰，投机取巧的等不良习惯，这对学生的成长极其不利。

1.形成正确的完成作业的态度与意识

任何一名小学生要明白，“抄不如不做”，作业是让学生对自己学习情况的及时反馈，所以你一定要独立自主完成作业，只有这样才能增强自己解决问题的能力，才能真实地了解自己的学习情况，遇到解决不了的问题时，可以和同学讨论，也可以去请教老师，千万不能一抄了之，一旦抄袭作业，影响的不光是学习态度，更严重的是会使自己失去学习的自尊、自暴自弃，养成不劳而获的不良习惯。

要纠正抄作业的坏习惯，就要从思想上认识抄袭作业的危

害性，认识到“不做只是代表学习不行，但抄袭就代表品质有问题”，要树立“即使学习差，但做人一定不能差”的信念，从思想上杜绝抄袭作业的想法，进而让自己认识到“抄不如不做”。

2.培养良好的做作业的习惯

小学生们在做作业时一定要独立、认真且自己完成，不可三心二意，关于这些，我们在前面已经分析过。

3.在平时就培养诚实、勇于承担的品质

对于某些习题，如果你不会，你就写上“不会”二字，这是一种诚实的表现，你没有去撒谎，没有去抄袭，而是选择了勇于承担，这对学生以后的成长非常有利。

总的来说，任何一个小学生都要明白，抄袭作业对于学习毫无用处，反而能加重自己的懒惰和投机取巧心理。

善用工具书，辅助你做作业

我们都知道，一个人要学会学习，不仅要养成良好的学习习惯，更要懂得借用工具，而那些学习效率高的人都是从小做到了这一点，其中就包括查工具书。

其实，对于小学生而言，从我们进入小学学习开始，老师就在教导我们如何使用工具书，比如查字典，很多不认识的生字词都能通过查字典和词典认识和学习。然而，这一最为基础的学习方法，随着年龄的增长，不少小学生却忽略了。

俗话说得好："工具书是不会说话的老师。"遇到疑难问题，不管在学校还是在家里，都可以自己查字典、词典等工具书来解决。你只有勤于查阅字典等工具书，才能不断丰富知识，提高自己解决问题的能力。

另外，工具书是"自学的好帮手"。教师离不开工具书，何况学生。有的同学会认为，初学的人要经常使用工具书，而学有水平的时候，就可以不再使用工具书了，其实不然。我们不但要学会自己查阅工具书解决一些问题，而且要养成使用工具书的习惯。有位著名的老作家，写过许多脍炙人口的佳作，但他养成了一个习惯，每次外出，别的东西可以不带，唯独要随身携带一本字典。并不是他才疏学浅，而是他懂得工具书的重要性。

任何有学习任务的人，也包括小学生们都应该学会运用工具书。工具书是读书的向导，它的用处主要有：指引读书门径、提供参考资料、解决疑难问题、节省时间精力。

对于小学生来说，尤其是在独立完成作业时，更需要借助工具书，因为离开课堂后，工具书是最为权威的参考学习资料了，接下来，我们来听听下面这位小学生是如何运用工具书学习的：

1981年，11岁的邯郸女孩郭晖在一次体育课中意外受伤，后来她便失去了行动能力、彻底瘫痪了。那时候，没有轮椅，也没有人陪伴，她每天能做的就是看着天花板。

后来，她的主治医生对她说："你学习吧，不然以后等你

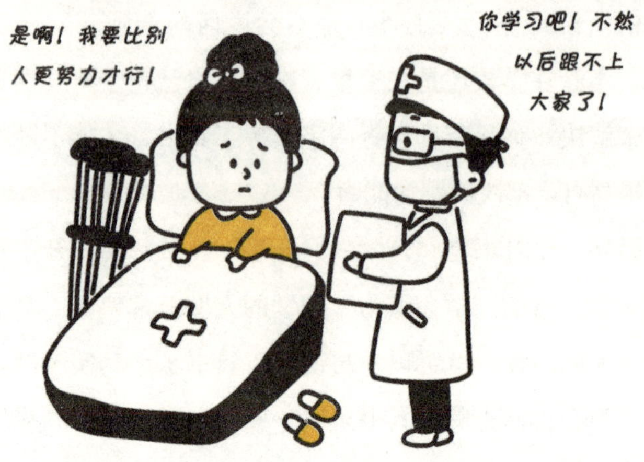

康复了，你和谁一起同班呢？”

听到医生这么说，郭晖说：“对啊，以后要是恢复了，我的同学都比我小，多不好意思。”郭晖有点急。

回家后，她找出来了哥哥的课本，五年级中断的课程，在时隔两年多以后，郭晖学起来挺吃力，很多字不认识，她就记下来，等着父母下班后再问。

郭晖的父亲郭荣茂是1956年毕业的浙江大学高材生，他知道女儿的想法后，便给女儿买来了字典，随后，郭晖开始了自己艰辛又枯燥的生活。

郭晖躺在床上，两手举书，酸疼、枯燥，郭荣茂一直想给郭晖做一个可以吊在房顶的自助式读书装置，发现实用性不强。没有钱买轮椅，也根本无法坐立，所有的自学就这么躺着进行。

到初中的课程，都是郭晖自学的。

经过重重坎坷，终于在2003年，郭晖以优异的成绩考入了北京大学。

郭晖的学习离不开字典的帮助。可是，我们却把字典这个最好的学习助手打入冷宫、置之不理。有时遇到生字组词，就会拿出辅导书里面的词语，抄写下来就万事大吉、就算完成了老师布置的作业。久而久之，就把查字典的习惯远远地抛开了。

那么，在家庭作业中，工具书到底有哪些用处呢？我们不妨来总结一下：

1.提供参考资料

如在语文综合性学习活动中，要研究一个问题，想广泛地占有资料，了解这一问题的一些动向，不用工具书不行。工具书把材料分门别类地整理出来，我们使用时可以信手拈来，一目了然。如果我们不用这种工具书，那么研究起问题来，很可能挂一漏万；搜集起材料，也会感到大海捞针。

2.为我们挑选书刊指点迷津

人类社会发展到今天，人类长期积累起来的知识财富广阔无边，各种各样的书刊、文献资料也浩如烟海，而且随着现代科技的发展，各类书籍还会急剧增加。那么，这么多的书，哪些该读，哪些不该读，要读的书应该到什么地方去查找，如此等等，这些问题都需要通过工具书来指点迷津，否则就会茫然不知所措。

3.解决疑难问题

比如，在做语文作业时，遇到难字、难词，不明白的成语典故，就要查字典、词典；读书遇到古代人名，需要了解他们的生平事迹和时代背景，就要查人名大词典；遇到古代地名，需要知道它在什么位置，相当于今天的哪个省哪个县，又要查地名大词典。查阅工具书费力不多，却解决了我们的疑难，丰富了我们的知识，工具书是日常学习必备的参考书。

4.节省时间精力

有的小学生不会使用工具书，认为使用工具书费时费力费事。当然，不论学习使用工具书还是运用工具书都要一定的

时间，但“磨刀不误砍柴工”，这种费事却可以得到更大的省事。俗话说“工欲善其事，必先利其器”，工具书就是一种治学的利器，善于利用工具书，可以使我们少走弯路，这比漫无边际地去查找书籍不知要省多少时间和精力呢。

总之，在家庭作业中，会使用工具书和资料好处很多。除了一般的字典、词典之外，很多学科都有专门的工具书。我们一定要多利用工具书。在条件允许的情况下，可以选购几本工具书（包括资料性的）放在书架上，经常查阅。买学科工具书，应听听任课教师的意见。这方面习惯养成了，终身受益。

认真做作业，别做“小马虎”

我们都知道，对于任何学龄期的孩子来说，细心是一种很好的生活和学习习惯，我们需要从小培养，进而形成一种自制力，有自制力的人在无论什么时候，都能专心致志，这是一个人成功的重要素质之一。对于小学生而言，在做作业中，同样要认真自习、避免马虎，这是一种好的学习态度。

著名教育家叶圣陶先生说：“什么是教育，简单一句话，就是要养成良好的习惯。”英国哲学家艾蒙斯说：“习惯要不是最好的仆人，便是最坏的主人。”有了好的学习态度和习惯，才能保证有好的学习效果。

对此，我们先来看看下面一位这位家长的一篇日记：

儿子豆豆所在的学校每周会有一次家长开放日，在本周的开放日上，语文李老师说了作业问题，要求孩子能认真地完成好每天老师布置的作业。因为现在孩子还小，作业量不多，老师最基本的做法，就是让孩子能把每天的作业以最工整的字迹展示在老师面前，也就是说，就是培养好写作业的学习态度，也可从中看出孩子有没有按照老师的要求，认真对待此事，做到字迹工整，作业干净整洁，从而更好地端正学习态度。

老师的做法真好，我们也都积极地响应了。每天，豆豆写完作业我就会认真地指出豆豆所写作业问题的所在，用心检查，错误的指出修正，不合格的字一定会让豆豆擦掉重新再写一遍，让豆豆努力端正学习态度，因为，只要端正好学习的态度，不愁学习没有进步，相对来讲，自己的作业，也是自己的事情，能做到最好，不是更好嘛。

也许很多家长都认为，一年级的孩子能写就不错了，谈何写的好，其实不是这么一说。好的习惯是慢慢养成的，不是一日之功，妈妈们是否已经能正确地想明白了，这是最重要的事情，我们尽可能地去督促好孩子把字写好，把自己的作业写干净了，那对于老师也是一种支持，对孩子也是一种成就，难道不是吗?

之所以说，作业干净整洁，就能看出孩子的学习态度，认真写作业的同时，也能做到认真记忆，两全其美的好处，我们为什么不全占用了。那是收获呀！为了孩子的成绩，我们一定要多督促孩子，多耐心地引导孩子，来完成好自己的作业，做

到干净整洁美观。

案例中的这位家长是一位有心的妈妈，从她的日记中，我们可以看出家庭作业对于小学生的重要性。

马虎粗心是人类性格中的一个缺点。无论成人或孩子，因为马虎粗心而造成不良后果的事件很多。任何一名小学生，在以后都要进入社会，都要承担一定的责任，而马虎存心就是缺乏责任心的表现，你只有训练缜密的思维，注意细节问题，才能在未来社会的竞争中立于不败之地。

引起马虎的原因，多与家长的教育有关系，如果在儿童幼年时期没有对他们进行过系统的训练，或是常让孩子一心二用，边看电视边写作业，或是让孩子在一个嘈杂混乱的环境里学习，都有可能养成儿童粗心马虎的毛病。而最重要的原因是，父母责任心教育的缺失，现在的孩子多数是独生子女，凡事父母包办得太多、关照得太多、提醒得太多，从而导致孩子责任心的减弱。

那么，作为小学生自身，如何克服马虎粗心的毛病、认真做作业呢？以下是几点建议：

1.做作业前先清理大脑

比如，收拾书桌。收拾书桌是为了用视野中的清理集中自己的注意力，同时也可以清理大脑，经常收拾书桌，慢慢就会有一个形象的类比，你就会觉得自己的大脑也像一个书桌一样。这种方法尤其适合做作业前的准备。大脑是一个屏幕，那里面也堆放着很多东西，需要清理，慢慢的你就静下心来做作业了。

2.培养集中精力做作业的好习惯

我们发现，在有的家庭里，不管孩子是不是正在学习，都把电视机开着，或者家长自己打牌搓麻将，这些做法都会造成对孩子的干扰，使他不能集中精力去学习，久而久之，孩子便养成了一心二用的坏习惯，有的孩子放学回家以后，总是先打开电视，然后边看边写作业，或者耳朵上戴着耳机，一边摇头晃脑地唱着歌儿，一边做习题。试想，这样怎么能聚精会神呢?

3.写作业时一定要认真

马虎一般是和性格分不开的，一般来说，马虎粗心的孩子开朗、心宽、不计较。这是他们性格中的优点，应该加以肯定、保护，但性格外向的孩子更易患马虎大意的毛病。所以，小学生们需要自己多加培养，引导他们做事认真、谨慎。

认真是任何人要做好一件事情的前提，如果对什么事情都敷衍了事，草草出兵，草草收兵，必然做不好。然而认真、不马虎是一种习惯，要克服做作业马虎的毛病，只动嘴不行，要靠平日里的习惯培养，久而久之，你也就有了自我控制的能力，把认真当成一种习惯。

第 06 章

记得牢学得好，小学知识记忆有窍门

在学习过程中，可能很多小学生都有这样的疑问，为什么总是记不住知识呢？到底什么记忆方法才是最有效的呢？听老师的话就一定能学好吗？多背诵就能学好吗？实际上，我们可以肯定地说：不是！任何成绩优异的小学生都有自己的记忆方法。记忆方法是多种多样的，每个小学生都应根据自己的特点，逐步摸索出一套适合自己的好的记忆方法，因为只有适合自己的才是最好的方法，才能帮助你高效地记忆和学习。

开开心心有动力，心情好才能记得牢

萌萌是某学校小升初第一名，她从小学习成绩就非常好，尤其是记忆力，别人需要学习几遍才能掌握的知识，她只需要一遍，因为她对待学习总是能积极向上、保持良好的心情。

从小到大，萌萌已经把好成绩当成一种习惯，她常鼓励自己说“我有这个能力”。为了保持这样的水平，就好好学习，比别人多努力，因此，小学五年，萌萌可以非常从容地保持第一的位置。到五年级的时候，妈妈为她报了一个数学强化班，大家挤在一个很小的教室里，桌椅差不多都挨在一起了，小小的空间，周围是四面高高的白墙，非常的压抑，有几个同学受不了这样的压力，上了几天课就搬走了。萌萌想，无法改变，那就适

应好了，她把周围的一切当成是自己熟悉的教室、课桌，真正的压力是自己给自己的，“不要想太多，只要学习就够了”。

到了初中，萌萌的生活依然非常规律，学习还是很用功，当优秀已经成为一种习惯的时候，不管在哪里，都是顺其自然的。

的确，面对考试，每个人都有压力，案例中的中学生萌萌也是，但是正如她说的，面对压力，无法改变，就要适应。这就是一种心理调节，是获得好心情的重要方法。

管理学中有一句话：“人在心情愉快时工作效率最高。”套用过来，就是“人在心情愉快时学习效率最高”。我们经常有这样的体验，心情好的时候，就充满了学习的热情，而当心情不好的时候，就提不起学习的劲头，记忆也是如此，良好心情有助于你提高记忆效率。因此，小学阶段的学生们，当你心情不好的时候，你应该学会自我调节，不管在学习上遇到了什么问题，都要多角度思考，力争把坏事想成好事。这样，你才

能始终保持愉快的心情投入到学习之中。

关于情绪对学习效率或工作效率的影响这一问题，有这一条定律——耶尔克斯—多德森定律，这条定律认为，操作与激动水平之间的曲线关系，随着操作的难易和情绪的高低而发生变化。操作困难的代数问题的最佳状态，处于较低的激动水平；操作初等算术技能的高峰，处于中等激动水平；操作简单反应时的高峰，处于较高的激动水平。

这说明学习内容越困难，学习效果越容易受到较低激动水平的影响：高度愤怒或过分高兴时，解答问题的效果不佳；简单的操作，在高度激动水平上效果较佳；而一般操作，适宜于中等激动水平。

生活中的你们，如果每天能拥有一个好心情，那么你就可以保持良好的情绪体验与交往能力。乐观、开朗、豁达、心情舒畅，并能友好地与人相处，从而获得自信心和信任感，这均能提高学习效率，并培养自己良好的性格。如果你长时间伴有不良情绪，如焦虑、抑郁、悲伤、愤恨等，并过于频繁，程度渐重，均会导致心情不佳，性格缺陷，甚至会出现心理障碍。

那么，在日常紧张的学习中，我们该怎样调节自己的心情呢？以下几条是几条建议：

1.主动学习与记忆，获得快乐

只有积极主动地学习，才能感受到其中的乐趣，才能对学习越发有兴趣。有了兴趣，效率就会在不知不觉中得到提高。有的同学基础不好，学习过程中老是有不懂的问题，又羞于向人

请教，结果是郁郁寡欢，心不在焉，从何谈起提高学习效率。这时，唯一的方法是，向人请教，不懂的地方一定要弄懂，一点一滴地积累，才能进步。如此，才能逐步地提高效率。

2.坚持体育锻炼

身体是“学习”的本钱。没有一个好的身体，再大的能耐也无法发挥。而最重要的是，在运动与出汗的过程中，我们也能排遣郁闷心情，当坏心情得到发泄后，自然能重新投入到学习中了。

3.与同学融洽相处，获得好心情

每天有个好心情，做事干净利落，学习积极投入，效率自然高。另一方面，把个人和集体结合起来，和同学保持互助关系，团结进取，也能提高学习效率。

理解让记忆变得更轻松

我们都知道，学习离不开记忆，无论是学习新知识，还是运用知识，都离不开记忆，并且，离开了记忆，一切学习活动都失去了意义。对于小学学习来说，很多知识需要背诵和记忆，有些学生常常抱怨自己的记性不好。其实，除了痴呆者之外，普通人大脑的记忆功能是相差不大的。实际记忆之所以有差异，是因为各人对大脑记忆的规律和提高记忆能力的方法掌握多少不同的缘故。

这里，我们介绍一种记忆方法——理解记忆。顾名思义，在积极思考、达到深刻理解的基础上记忆材料的方法，叫作理解记忆法。由于理解是记忆的前提和基础，因此，理解是最基本最有效的记忆方法。

理解记忆的效果优于机械记忆。德国著名心理学家艾宾浩斯在做记忆的实验中发现：记忆12个无意义的音节，需要16.5次；如果是36个的话，则需要重复56次，但记忆六首诗中的480个音节，平均只需要重复8次！

这个实验告诉我们，凡是理解了的知识，就能记得迅速、全面而牢固。不然，愣是死记硬背，那真是费力不讨好。

理解记忆是建立在对材料内容的理解的基础上的，这种理解不仅指看懂了材料表面的意思，更是理解了材料各部分之间的逻辑联系，以及该材料和以前的知识经验之间的关系。

我们平常说泰国的首都曼谷，实际上这是一个简称，泰国首都的全称是“共台甫马哈那坤弃他哇劳狄希阿由他亚马哈底陆浦欧叻辣塔尼布黎隆乌冬帕拉查尼卫马哈洒坦”，共41个字。

要把这41个字都背下来，可不是一件容易的事，恐怕比记圆周率小数点之后41位还要难得多。

我们不妨来背背这两首诗，一首是李白的《望庐山瀑布》：

日照香炉生紫烟，遥看瀑布挂前川。

飞流直下三千尺，疑是银河落九天。

还有一首是王之涣的绝句《登鹳鹊楼》：

白日依山尽，黄河入海流。

欲穷千里目，更上一层楼。

这两首诗的总字数比泰国首都全名还要多7个，可是只要读几遍也就会背了。原因就在于这两首诗形象易懂。

再如，大家熟悉的代数公式（$a+b$）$^2=a^2+2ab+b^2$，一些同学选择死记硬背，这里有三项，一项一项，三项硬背下来，当然会记得住，但在应用的时候很容易忘记，也有一些二同学从理解的角度，了解（$a+b$）^{2}的实质，这样就自然记住了公式的各项。也有一些同学会展开记忆这一公式，反正要有a和b的二次项，也就不用记了，只要记住有一个一次项“$2ab$”就可以了。

学习语文、外语时更要在理解的基础上记忆。一首古诗，理解了诗的含义，背起来就快多了。

可能你会疑问，如何进行怎理解记忆呢？

既然我们发现记忆更好的规律，我们就要摒弃盲目的机械记忆，多采用理解记忆，这样才能取得良好的效果。相反，如果在可以运用理解记忆的时候不去运用，而偏偏要使用机械记忆进行无意义的重复，那就是真的事倍功半了。

我们在记忆材料的时候，只要它是有意义的，就应该向自己提出“先理解、后记忆”的要求，把材料分成大小段落和层次，找出它们之间的逻辑联系，而不要从一开始就逐字逐句地记忆。

例如，背语文中的古文，如果不把古文的意思弄懂，那么就会像背天书一样，非常吃力。如果把古文里的实词、虚词都弄懂了，把全篇的中心意思掌握了，这时再背，就是在理解基础上记忆，背起来就有兴趣得多，也快得多，印象也深得多。

当然，对知识理解之后，是容易记了，但并不等于全记住了。因此，还应当紧接着采取措施，巩固这时形成的记忆。此时便可以使用复述法，这一方法我们在后面会有所分析，此处不赘述，但无论如何，我们的记忆必须要建立理解的基础上，才能形成长久记忆并真正成为自己的知识。

越是感兴趣，记得越深刻

科学研究表明，人一旦对某种活动或某个事物产生兴趣，他就会倾注热情，就能提高从事这种活动的效率。记忆活动也是如此，人们在兴趣的指引下，会逐渐增加记忆的积极性，对有兴趣的东西往往会表现出很强的记忆力，因此，对于小学生来说，要想提升自己对知识的记忆效率，就要在平常的学习和生活中有意识地激发自己的兴趣。从兴趣出发，记忆效果会更理想。同样，兴趣也是我们求知欲的体现，是记忆过程中最活跃的因素，古今中外许多科学家、发明家取得伟大的成就的原因之一，就在于由浓厚的认识兴趣所产生的强烈的求知欲望。

人们常说“兴趣是最好的老师”，哈佛教授曾说：“热情的态度是做任何事的必要条件。任何学生，只要具备了这个条

件，都能获得成功。”科学家丁肇中用6年时间读完了别人10年的课程，最后终于发现了“J粒子”，是第一位获得诺贝尔奖学金的华人。记者问他：“你如此刻苦读书，不觉得很苦很累吗？”他回答：“不，不，不，一点儿也不，没有任何人强迫我这样做，正相反，我觉得很快活。因为有兴趣，我急于要探索物质世界的奥秘，如搞物理实验，因为有兴趣，我可以两天两夜，甚至三天三夜待在实验室里，守在仪器旁。我急切地希望发现我要探索的东西。”

一个人爱好学习，勤奋读书，就会学有所获。任何人，只要具备了学习的热情，无论外在条件多么艰苦，他们都能汲取到知识带来的营养。而如果你被动地学习与记忆，那么，你只能停留在知识的储存和记忆上而不能正确地运用它，你的学习就是低效或者无效的。正如微软公司全球副总裁李开复说过的，如果我们将学过的知识忘得一干二净，最后剩下来的东西就是教育的本质了。所谓“剩下来的东西”，是指自学的能力，也就是举一反三或无师自通的能力。

同样，生活中的小学生们，你只有对学习感兴趣，才能把心理活动指向和集中在学习的对象上，使感官知觉活跃，注意力集中，观察敏锐，记忆持久而准确，思维敏锐而丰富，激发和强化学习的内在动力，从而调动学习的积极性。

人生路需要自己走，学习与记忆的过程同样如此。学习是一件幸福的事，只有具备这样的心态，把学习知识当成人生乐事，你才能孜孜不倦追求知识，才能提升记忆力。

生活中经常会发现一些记忆力优秀或超常的人，他们的记忆能力是在强烈的学习兴趣基础上勤恳学习和练习得来的。为此，作为小学生的你，也必须培养自己对学习和记忆的热情，对此，你可以做到：

1.相信你所学习的内容是有趣的

你要从改善学习与记忆者自身的心理状态入手，对自己不喜欢的学习内容充满信心，相信它是非常有趣的，自己一定会对它产生信心。想象中的“兴趣”会推动我们认真学习它，从而逐渐对学习产生兴趣。

2.从可以达到的小目标开始

在学习之初，确定小的学习目标，学习目标不可定得太高，应从努力可达到的目标开始。不断的进步会提高学习的信心。

3.了解学习与记忆目的，间接建立兴趣，培养热情

学习与记忆的目的，是指你要明白，学习的结果是什么，为什么要学习，为什么要记住材料，这一过程多半都是要经过长期艰苦努力的，这种艰巨性往往让人望而却步，所以要认真了解学习的目的。如果你能对学习的个人意义及社会意义有较深刻的理解，就会认真学习，从而对学习发生浓厚的兴趣。

4.培养自我成功感，以培养直接的学习与记忆兴趣

在学习与记忆的过程中每取得一个小的成功，就进行自我奖赏，达到什么目标，就给自己什么样的奖励。比如有小进步、实现小目标则小奖赏，如让自己去玩一次自己想玩的东西；有中进步、实现中目标则中奖励，如买一本自己喜欢的书

画或乐器等；有大进步、实现大目标则大奖励，如周末旅游等。这样通过渐次奖励来巩固自己的行为，有助于产生自我成功感，不知不觉就会建立起直接兴趣。

总之，兴趣是最好的老师，这话并不是毫无根据的。如果你对学习毫无兴趣，那么，即使花再多的时间，也是徒劳，也难以记住那些知识点。要想建筑成功的大厦，就必须有先天的或经后天培养而成的兴趣基础。有了兴趣，才有可能培养和形成敏锐的感觉与反映，累积可供运用和发挥的技术与技巧。有了兴趣，才有无穷的动力使你在某个领域当中越钻越深。有了兴趣，才有勤奋；有了勤奋，才成就了辉煌和成功。

善于观察，观察是记忆的开始

无疑，观察力是人一生中很重要的能力。对于某些人来说，他们可能长着一双美丽的大眼睛，但美丽纷繁的世界却并没有留在他的脑海中。这是为什么呢？观察力不强。

另外，观察是记忆的开始，也是记忆的基础，如果一个人的观察能力不强或不准，那么你的记忆能力也是比较弱的。

一个人的观察力如何，直接关系到他的一生。因为观察力是我们获取信息和资料的重要途径。不会观察者，不可能拥有杰出的智慧，也不可能成就非凡的事业。所以观察力很重要。

同样，对于小学生而言，都应该学做生活的有心人，在生

活中有意识地提高自己的观察力。

其一，要确立观察的目的性。观察记忆法的第一步是要把观察应看作一种有目的、有计划、有步骤和有成果的知觉行动。它是通过眼睛看、耳朵听、鼻子嗅、嘴巴尝、用手摸等去有目的的认识周围事物的心理过程。如果这个过程越认真，越仔细，越全面，其效果就越好。

明确观察目的，包含两层意思：第一层是认识到观察力的重要性，认清观察对自身职能发展的好处；第二层是在观察事物前，都要有明确的目的，即观察什么，为什么观察。

比如，在家中，你可以找出一件工艺品，观察其颜色、形状、大小、用途、特点等，在观察的过程中，你还可以边观察边用语言描述。

其二，培养观察力要从小抓起，并且与一个人的认识水平、职业、性格都有关系，是一个长期磨炼的结果。欧洲文艺复兴时期，达·芬奇常常要求他的学生注意某一物体，然后闭上眼睛，慢慢地想它所有的细节，再重新看这一物体，并检查一下自己头脑中的表象有多少和原物相符合，有多少不符合。家长带领孩子走在马路上，也可让孩子把观察所得说出来，比如商店橱窗陈列物、街道走向及街名等。到公园里去，观察蝴蝶或蜻蜓的眼睛、嘴巴、翅膀，叫他描绘一番。

其三，要把观察意识养成记忆习惯。“处处留心皆学问”就提示了观察是学习和记忆的基本功这个道理。一个人要观察某种事物或现象，必须有充分的知识准备，并且要掌握观察顺

序，抓住运动的物体。对若干年才出现一次的事物，要及时观察，特别是那些稍纵即逝的事物，不要失之交臂。

运用观察法的时候，要经常给自己提出新问题，克服主观臆想并且留心意外的现象，还要做好观察的总结。总结观察的最好形式是观察笔记。达尔文乘“贝格尔号”考察船环球旅行，沿途记下了50多万字的珍贵资料，徐霞客遍游全国名山大川，经常露宿山野，坚持做好笔记，一天也不间断。你如果有兴趣做观察笔记，那你的观察力和写作水平一定会大大提高。

其四，任何人具备的好观察力都不是一蹴而就的，观察能力的提高需要长时间的训练。我们在看书、读报、欣赏电视时，发现应该识记的对象必须看准确、看仔细，并不是认真看看就行了，而是要开动脑子，把数目、形状、姓名、特征、结构和联想结合在一起。

观察记忆法的要点可归纳如下：观察和记忆同属智力的组成部分，二者相互联系、相互制约。观察是为了保证信息的有效输入，记忆是观察结果的储存和检验，观察力很差的人，记忆就成了问题。

良好的观察能够很快掌握客观事物的基本特征，可以说是记忆的加速剂。认真的观察是记忆正确的可靠保证，“耳听为虚，眼见为实”，敏锐的观察所得来的信息比较可靠。但是从文章开头所举两个实验来看，观察不是轻而易举的事。仔细观察过的事物，才能在头脑中留下深刻的印象；首次观察，特别感到新奇，往往终生难忘；长期观察，即参加反复的社会实践，会在头脑里不断深化对它的认识；观察中加以认真的思考，达到理解的程度，就会达到长期不忘的目的。

小学生如何背诵课文才记得牢

提到背诵，相信任何一个小学生都不陌生，因为这是一项重要的学习活动，且很多小学课文都需要背诵。固然我们不喜欢背诵，但是背诵能帮助我们记住知识，因此，我们可以说，背诵记忆是小学知识记忆的一种重要手段。然而，背诵并不是死记硬背，也有章法可循。

背诵记忆要求我们对所需要记忆的内容按照一定的次序，不分轻重主次，通篇进行记忆。当然，背诵也可以进行分类，一类是机械的背诵，机械的背诵指的是并不追求材料的含义而不断重复进行记忆，也就是建立在机械记忆的基础上的。一般来说，小学生在机械记忆上的能力比较出色，也容易把记忆材料的内容背诵出来。理解的背诵的前提是对记忆材料的理解，借助于反复复习去进行记忆的一种方法。一般说来，青少年由于记忆的能力较强，所以他们在背诵某种内容时，总是会先进行理解，而不是再如小学时那样死记硬背。

背诵在记忆活动中具有重大的意义，主要有两点：一是可以使我们牢固地精确地掌握某种知识；二是背诵的东西越多，我们的知识就会越丰实，古人云：“熟读唐诗三百首，不会作

诗也会吟”，便很好的说明了这一点。

怎样背诵呢？这里介绍如下几种背诵方法：

1.分层理解背诵法

无论你学习的内容是什么，要想记住，就要搞懂它什么意思，比如，你准备背诵一篇课文，那么，你首先要弄清楚这篇课文讲的是什么，分几层意思讲的，了解了这些后，反复读几遍，就会加深印象，容易背出。

背诵时，还应该将材料进行段落划分，划分的方法有很多种，可以按照材料本身的划分方式来学习，也可以将某些比较大的段落再进行划分，首先要理解它的意思，读一两遍以后，然后逐层逐段地试背，遇到困难再翻开课文熟悉，如此逐层逐段地“扩大战果”，最后达到背诵全文。这种方法既能锻炼分层能力，又能帮助理解课文。

2.少读多忆背诵法

有研究表明，人们在记忆材料中所使用的时间越长，记忆的效果就越好，另外，记忆越及时，效果越好，在阅读完材料一、两遍以后及时地进行尝试回忆，记忆效果明显优于读完三、四遍以后再尝试回忆。这种方法经常被运用到记忆那些相对无意义的、需机械记忆的材料，比记忆有意义材料的效果好。

3.文字图景转换法

我们可以在理解了一段文字的基础上，将那些抽象的语言转换成图像的信息储存在头脑中，然后回忆脑海中图像的各个

部分分别是什么，下方是什么，前、后、左、右、远、近各是些什么，然后闭上眼睛，默默回想，当你能轻松回想起来时，也就是真的记住了。

4.重点词连接记忆法

在背诵中往往有这样的情况，一段背得很熟的课文，却在一些词上卡住了。这些词有的是关联词，有的是新词，有的是重点词。这时，只要有谁提示你一下，你就能很快接上去。这说明记住关联词、新词、重点词，就能增强背诵效果。如果你记住重点词、句，把他们连成一条线，想着这条线回忆背诵，就容易背出来。重点词连接背诵法，具体记法是：在阅读第一、两遍时，找出各部分材料之间的逻辑联系，在此基础上确定几个重点句、重点词，以此作为线索加以回忆。然后，再找出重点句、重点词与其他内容的联系。在背诵时，即可借助重点句、重点词，把各部分的片断材料融为一体。

5.定时快速熟记法

在朗读、背诵时，给自己限定时间、规定数量。如：一分钟背出一段文章，三分钟内读上两遍。读时逐步加快速度。先稍快，再加快，再特快，并要快而不乱，快而不错，迫使自己的注意力高度集中，使记忆信息迅速输入大脑，获得强烈印象，达到记忆的目的。

6.朗读背诵交替法

在背诵时请别人轻声陪读，以读带背。一个轻声朗读，一个慢慢背诵，彼此交换练习，然后互相监听。或在背时请已会

背的同学陪背，以背带背。

不过，无论是哪种方法背诵知识材料，我们都强调一定要建立在理解的基础上，不可死记硬背，理解是背诵的基础。只有理解了才容易记住，切忌生记硬背，这样即使记住了，但过不了多久，依然会忘记，并不能真正形成长久的记忆。

复述法记忆，比背诵更牢固

我们都知道，人获取知识的方式有很多种，其中就有记忆，对于小学生来说，对于书本知识的记忆，他们采取的多半是背诵的方式，比如，语文中的课文，英文单词或者一些课外读物等，然而，背诵就是最好的记忆方式吗？

当然不是，很多学习成绩优异的学生都不会死记硬背知识，而是采用复述的方法。因为复述需要熟悉原文，因此，学会复述还有利于我们理解原本的知识，从而提高我们的语言表达能力。

复述法是巩固理解记忆的最好办法之一。这种方法就是，合上课本，根据自己的理解，把要记忆的知识说一遍。注意，一定要说出声来。最好是由一位同学看着课本，你大声说给他听。经过自己的嘴，再有意识地说过一遍的内容，记得是很清晰的。有的同学在帮助一位生病缺课的同学补课的过程中发现，补课的那几课记得特别牢，就是因为他在理解的基础上又

复述了一遍。所以，交上几个好朋友，课后在一起采取互相考课文，逼着自己复述刚上过的课程，对记忆所学的知识是很有好处的。

从认知心理学看，记忆分为瞬时记忆、短时记忆、长时记忆。其中记忆时间最短的瞬时记忆经过“注意”过程可以转入短时记忆，短时记忆中的内容经过“复述”过程可以转入存储时间最长的长时记忆，其中“复述”过程就是重复记忆。

心理学家艾宾浩斯的遗忘规律也告诉我们，遗忘是先快后慢、先多后少，因此要及时复习和记忆。重复记忆将会使记忆得到强化。

无论是背课文、古诗或者是单词等，我们的注意力都集中在文字的编排上而不是对文章的理解上。不过，我们也不能否认，有些小学生是理解之后背记的。如果只是单纯的背诵，那么，充其量这些语句只会进入语言中枢的浅表层，只是短期记忆，这些东西还没有和更深层次的思维建立联系，自然就无法形成长久的记忆了。一些小学生在老师的教导下只会机械背诵，甚至都不知道是什么意思。如果让他们输出，只能是有上句接下句的层次。而且这种背记，遗忘的速度会非常快。而复述，是将输入的语言信息完全理解了，该转化的都转化了。通过思考之后，就是在脑子里面转了一圈，然后再用自己的语言讲出来。那么，这种方法获得的知识更能被我们记住。

因此，作为小学生的你，别再一味地把背诵当成唯一的记忆方式了，尝试着去复述知识，也许你会记得更牢固。

自我复述记忆法是把识记材料变成自己的话，以达到加强记忆的目的的一种方法。这是一种很有用的且适合复杂知识的记忆方法。

首先，为了能自我复述出来，集中注意力是必不可少的。注意力集中后，大脑对识记材料的痕迹就加深了。

其次，想自我复述出来，理解是必须的，要想把书上的文字或图形变成自己的话，不能理解就无法达到这种目的。因此，要防止死记硬背。

为此，那些成绩优异者为我们分享了复述的方法和原则：

1.复述的方法：记忆不是死记硬背，要有灵活性

以学习英语为例，复述就是一种很好的自我训练口语，记忆单词、句子的形式。复述有两种常见的方法：一是阅读后复述，一是听磁带后复述。后种方法更好些，这种方法既练听力，又练口语表达能力。同时，可以提高注意力的集中程度，提高听的效果，而且还可以提高记忆力，克服听完就忘的毛病。

2.复述的原则：循序渐进

同样，以学习英语为例，在复述的过程中，你可由一两句开始，听完后用自己的话（英语）把所听到的内容说出来，一遍复述不下来，可多听几遍，越练遗忘就越少。在刚开始练习时，因语言表达能力、技巧等方面原因，往往复述接近于背诵，但在基础逐渐打起来后，就会慢慢放开，由“死”到“活”。在保证语言正确的前提下，复述可有越来越大的灵活性，如改变句子结构，删去一些不大有用或过难的东西，长段

可以缩短，甚至仅复述大意或作内容概要。

复述的内容也要有所选择。一般来说，所选资料的内容要具体生动，有明确的情节，生词量不要太大，可选那些知识性强的小短文，开始时可以练习复述小故事，有了基础后，复述的题材可扩展开些。

复述表面看慢，实际上对小学生综合能力的培养很有帮助。如果时间较充足，可以在口头复述的基础上，再用笔头复述一下，这样做不仅可以帮助你记忆，还可以加深掌握语言的精确程度，提高书面表达能力。

小学生快速记忆的六大方法

作为小学生，我们的几门功课，无论是语文、数学，还是英语，都少不了“记忆”能力。在很大程度上，记忆水平的高低，直接影响到学生们对知识的掌握程度以及学习的成绩高低。而记忆的方法，也是多种多样的，关键是看哪种记忆方式更适合你。下面分享几个实用简单的方法帮助你一起攻克“记忆力”的烦恼：

1.标签法

运用这种方法，能记住很多数字。人的左脑和右脑所分管的信息工作不同，即左脑善于处理抽象的逻辑信息，而右脑善于处理具体的图像、情感、体验类信息，且处理速度很快。

“标签法”的原理就是通过给抽象资料贴标签，将其换成右脑的信息，这就好比我们的电脑需要将其转换成二进制运作一样。

不少数字和字母原本就对应一个图像，如：数字“11”对应筷子，大写字母“D”对应竖琴或者月亮等。

标签法已经被很多小学生运用到学习中，尤其是数学学习。

2.锁链法

顾名思义，就是找出事物之间的关联，然后找出其中记忆的锁链，然后将这些事物联系到一起。

这是个有趣且简单的方法，只需要我们开发自己的想象力。事实上，在生活中，不少小学生可能已经在无意中使用过这一方法了。当然，将这一方法运用到学习中，还需要进行一定的训练。

例如，在桌子上放了一根数据线和几粒葡萄，若用锁链法则可这么记忆：用数据线将葡萄串在一起，以此为起点，我们就开始打开了右脑记忆的大门。这样，那些书本中概念、公式，也将不会显得那么枯燥乏味。

3.串联法

相对于枯燥的文字来说，人们对于鲜活的图像记忆更为深刻，这是一种依托于图像视觉、内心感觉的联想式记忆法，又被形象地称为“头脑影院”。

例如，当人们需要记忆“西湖十景”时，你不妨将自己想象成为一名导演，而最近你需要拍摄的取景点就是西湖，这时，就可以用一段设身处地地体验和一种身临其境的感受把十个景点串起来。

可以想象大巴一抵达杭州，来接车的人竟然是著名的苏轼，你先到苏堤漫步，漫步时抬首望见两座山峰直入云端，镜头一转来到山上，向下俯瞰是三潭印月，山上还有户人家，曲曲折折的回廊和满池荷花相映成趣，人家深处有鱼跃莺啼……如此一来，“西湖十景”就不难记忆了。

4.缩编法：用记忆对答如流

学习中需要记忆的知识实在是太多。比如鲁迅先生的《风筝》一文的中心思想是：①表达兄弟间浓浓的情意；②揭露了当时社会的黑暗。

这么长一段话，可以在几秒内记忆吗？

老师的答案是肯定的，这篇文章的中心思想，我们可以将其缩编为——“情”和“黑”。

什么情？兄弟情；什么是黑的？社会的黑暗。整篇冗长的两句话，一下子被浓缩成简单的两个字。

接着，我们来编口诀，“风、筝”是问题的关键词，而“情、黑”是答案的关键词，将“风”与“情”结伴，“黑”与“筝”相连，我们的眼前就会展现出这样一幅画面：风吹得别具风“情”，空中的筝是“黑”色的。这样一来，冗长的一段文字，简简单单就被记住我们拿下啦！

用缩编法来提高记忆的真谛：让题目来帮你记住答案，练就抓关键的技巧，用创编的口诀帮助融会贯通，再长的问题也能对答如流。

5.位置法：锁定记忆目标

入门玄关处有个“鱼缸”，由此联想到早晨去“游泳”；进客厅，落地“书橱”与“去书城买书”关联；不远处摆放着的“沙发”，又让我想到下午去“购物”；晚上“过生日”，则和家人在“电视机”前共享快乐。

这是在老师的启发下，一位学生通过位置法将一天的行程与家具锁定记忆的结果，以进门后看到的事物的顺序串起一天所做的事，这位学生笑着表示，“这样的方法既生动也方便记忆”。

学生们对于这样的位置法记忆表现出浓厚的兴趣，尤其是一些年龄较小的学生，我们也发现，“锁定目标”的记忆方法展现出了学生们潜在的有序且大容量的记忆能力。

6.信箱法：记忆更高要求

如果没有像家具一样的实物用来想象，那么我们可以直接将他们塞进“信箱”。

众所周知，信箱的外表通常会标上数字以作区别。同样，日常生活中的记忆也可以如此。“我们看到桌上有一个橘子，一本笔记本，一个杯子，一本台历，将他们分别扔进1-4号信箱……”

没有过多时间，仿佛学生们已经渐入佳境，能够领会这环环相扣、循序渐进的方法。“1代表橘子，3代表杯子”，没过几秒，学生已经能倒背如流。

几个坏习惯有损你的记忆力

我们都知道，随着年龄的增长，出现记忆力下降的现象是很自然的。常听到老年人感叹："年纪大了，记不住东西了。"然而，我们发现的是，现在越来越多的年轻人，甚至很多小学生也感到脑子不够用，做事情丢三落四。事实上，出现记忆力下降的情况，和一些生活中不知不觉养成的有损大脑的不良习惯有着密切的关系。

那么，这些不良习惯有哪些呢？接下来我们一一列举：

1. 睡眠不足

现代社会，无论是学生还是职场人士，人们的生活节奏普遍很快，睡眠不足也是人们普遍存在的情况，长期睡眠不足不仅会影响身体健康，导致免疫力下降，而且还会导致记忆力下降。

不得不说，现在小学生的学习压力也大，不仅要完成老师布置的学习任务，还要参加各种补习班、特长班等，对于小学生来说，睡眠不足也是常有的事。

事实上，很多研究表明，睡眠不足的人无论是认知能力、语言能力、创造能力和制定计划的能力都会降低，而造成这一状况的原因可能是大脑前额叶皮层活动降低有关。另外，长期睡眠不足或质量太差，还会导致大脑脑细胞的加速衰退，导致记忆力下降，甚至会变得糊涂起来。

然而，睡眠也不是越多越好，睡眠过多同样也会对人的记忆力造成损伤，专家认为，如果每天睡眠时间超过9个小时，就

容易出现记忆衰退的现象。白天学习和工作会出现注意力不集中的现象。

2. 过分依赖电子产品

现代社会，电子产品早已成为我们的必备产品，电子产品种类有很多，比如电视、电脑、手机和平板等。在很多小学生身上，甚至也出现了人手一部手机的现象，业余时间，更是经常打电子游戏、看电视等。其实，过分依赖电子产品，会让我们的大脑习惯有依靠搜索而不是思考来获得答案，负责大脑记忆的功能区域会变得越来越懒，逐渐衰退；人的记忆功能长期处于懈怠状态，就会出现精神难集中、记忆力下降和丢三落四等情况。

另外，专家称，电子产品在使用时会产生或多或少的辐射，进而影响人的记忆和逻辑思维，严重的可导致学习能力的减退甚至丧失、也会引起大脑和行为的混乱，甚至精神疾病等。

3. 长期饮食不当

吃什么对于大脑的衰老和神经退行性疾病的发生是有影响的。长期饮食不当，比如吃太多甜食、油炸食物或者吃太饱，都会加速与年龄相关的认知下降，并增加神经退行性疾病发生的风险。

4. 缺少运动

我们都知道，在人的大脑中，负责人体的执行功能和存储记忆力的部分叫脑纹体和海马体，久坐不动的人，这两个部分的功能会受到影响。

研究发现，爱运动的人，他们的大脑能吸收更多的氧气，大脑能得到更多的滋养；运动能促进大脑神经元的再次形成，据报道经常锻炼能让成年人的海马体容量增加2%。

运动能平衡大脑中的化学物质，促进神经细胞之间的连接，进而提高思维活动能力。相反，久坐不动的人，患痴呆的几率就会更高。研究表明，适当的有氧运动不仅对人的短期记忆有影响，对长期记忆的影响也非常显著。

适当的运动不仅有利于人体周身的血液循环，而且也能更好地为脑部供氧和增加营养，保持脑部的活跃，记忆力自然也就更好了。

5. 经常独处，没有爱好，不愿动脑

人在快乐的情绪下，记忆力和思维活动会更好，而这种情绪，能在交流和沟通中获得。研究人员经过调查发现，那些在轻松和谐的家庭氛围中养老的老人，记忆力下降的速度普遍慢于那些独处的老人；家生活中缺乏乐趣的老人，他们的记忆力减退的速度就要快很多。和人交谈时必需的反应和有逻辑条理的对答话语，有维持、锻炼和促进大脑的功能。

不过，我们需要承认的是，一些人性格内向，就是喜欢独处，这完全无可非议，独处并不等于孤独。但独处时保持或发展个人爱好至关重要。思考是锻炼大脑的最佳方法。不愿动脑的结果只能是加快脑力的退化，聪明人也会变得迟钝。

6. 长期高压下工作或抑郁环境下生活

适度的压力可以促进记忆力，但压力过大会伤害记忆力。研究表明，压力促使肾上腺分泌皮质醇，而皮质醇过高对大脑

颇具危险。

皮质醇增高后，最为典型的影响就是海马萎缩，甚至神经细胞死亡。海马回对于情景记忆、空间记忆和关联记忆十分重要，由于海马回富有皮质醇受体，因此非常容易受到皮质醇增高的影响。

人在压抑的环境下，会产生过重的心理压力，如果不能被疏解的话，长期必将导致抑郁症的发生。抑郁症对人的影响是深远的，尤其是在记忆力上。抑郁症患者的脑细胞处于一种近乎停滞的状态，以致大脑的各种功能都会下降，不仅反应迟钝，还会记忆力下降，甚至暂时性失忆。

那么，以上这些不良习惯你有没有呢？如果有，为了自己的身体健康以及拥有一个必需的记忆力，就要下决心慢慢调整和改掉这些坏习惯，防止大脑早衰，记忆力下降。

小学生要坚持吃早餐

不得不说，很多小学生都有不吃早餐的习惯，一些小学生早上起床晚，无暇顾及早饭，还有一些小学生为了减肥，认为不吃早饭能减少热量摄入，进而减轻体重。其实他们不知道的是，早餐是我们一天当中最重要的一顿饭，早餐吃不好，不仅影响身体健康，更会导致我们的记忆力下降。

这是因为经过一夜睡眠，体内储存的葡萄糖消耗殆尽。不

吃早餐，持续缺少能量的大脑就会启动自我休眠状态，减少活动，因而思维活动减慢，条件反射时间延长，记忆力低下。严重时还会感到头昏脑涨，思维混乱，反应迟钝，甚至诱发低血糖休克。在不吃早饭的人群当中，青少年占很大比例。专家指出，青少年不吃早餐，会影响正常的生长发育和智力发育。

健康专家对9~11岁的健康儿童进行测试，发现相对于那些不吃早餐或者很少吃早餐的人来说，吃早餐的儿童的反应能力较好，数学成绩也更好，在学习中的错误率也较低。不吃早餐还会影响人的记忆力。瑞典一专家在瑞典小学生中进行的研究表明，早餐能量摄入充足的学生其身体耐力、创造力、数字核对等的表现均优于能量摄入不足的学生，这说明不吃早餐可能影响儿童的认知能力和学习成绩。

早餐作为一天的第一餐，对膳食营养摄入、健康状况和工作或学习效率至关重要。为啥呢？

早餐距离前一天晚餐的时间最长，一般在12小时以上，体内储存的糖原已消耗殆尽，应及时补充，以免出现低血糖。血糖浓度低于正常值会出现饥饿感，大脑的兴奋性随之降低，反应迟钝，注意力不能集中，影响工作或学习效率。

营养专家认为，儿童和青少年时期是生长发育的重要阶段，也是行为习惯、生活方式形成的关键时期。良好的饮食行为对其身体、智力发育和健康起着至关重要的作用。

1.反应迟钝

早饭是大脑活动的能量之源，如果没有进食早餐，体内无

法供应足够血糖以供消耗，便会感到倦怠、疲劳、脑力无法集中、精神不振、反应迟钝。

2.慢性病可能“上身”

不吃早餐，饥肠辘辘地开始一天的工作，身体为了取得动力，会动用甲状腺、副甲状腺、脑下垂体之类的腺体，去燃烧组织，除了造成腺体亢进之外，更会使得体质变酸，患上慢性病。

3.肠胃可能要“造反”

不吃早餐，直到中午才进食，胃长时间处于饥饿状态，会造成胃酸分泌过多，于是容易造成胃炎、胃溃疡。

4.便秘“出笼”

在三餐定时情况下，人体内会自然产生胃结肠反射现象，简单说就是促进排便；若不吃早餐成习惯，长期可能造成胃结肠反射作用失调，于是产生便秘。

5.会让你更靠近肥胖族

人体一旦意识到营养匮乏，首先消耗的是碳水化合物和蛋白质，最后消耗的才是脂肪，所以不要以为不吃早饭会有助于脂肪的消耗。相反，不吃早饭，还会使午饭和晚饭吃得更多，瘦身不成反而更胖。

早餐不吃反误瘦身大计，不要以为不吃早餐就可以少吸收热量而因此减肥，根据营养学家们的证实，早餐是每个人一天中最不容易转变成脂肪的一餐。如果每天不吃早餐只会让午餐吃得更多。日本的相扑选手，就是不吃早餐只吃午餐和晚餐，所以早餐很重要，早餐、午餐和晚餐的比例最好是3：2：1，

这样子就能让你在一天内所吃的精华在体力最旺盛的时间内消耗。

专家们发现，在智力水平相差无几的情况下，吃早餐的学生明显高于不吃或少吃早餐者。这是因为不吃早餐的人，大脑就会因营养和能量不足，不能正常发育和运作，久之就会妨害记忆力和智能的发展。

因此，小学生不吃早饭，这是一种非常不好的饮食习惯。研究表明，不吃早餐导致的能量和营养素摄入的不足很难从午餐和晚餐中得到充分补充，所以每天都应该吃早餐，并且要吃好早餐，以保证摄入充足的能量和营养素。一顿质量好的早餐，可以供给人体和大脑一天所需要的能量和营养素，使人精力充沛，思维活跃，工作和学习效率提高，记忆力增强。那么，该如何吃好早餐呢？

早餐的内容应该包括谷类、高蛋白类和果蔬菜三大类食物，在每一类食物中选一二种，就能搭配出高质量的早餐了。从能量要求看，成年人早餐的能量应为700千卡左右，谷类为100克左右，可以选择馒头、面包、麦片、面条、豆包、粥等，适量地含优质蛋白质的食物，如牛奶、鸡蛋或大豆制品，再有100克的新鲜蔬菜和100克的新鲜水果就完美了。相反，一些小学生喜欢以油饼、油条、桃酥等高油食物为早餐主食，搭配点咸菜、酱菜等，这样的早餐缺少高蛋白食物和新鲜果蔬，营养单一，而且油炸食品和腌制小菜都对身体没有好处，还是少吃为宜。

第 07 章
要想语文成绩好，点滴积累很重要

很多小学生谈语文色变，除了基础知识外，还有大量的古诗文，还要写作文，还有那些作者及他们的作品，一大堆。那如何是好？死磕？不，学习方法其实有很多，最笨的方法就是死记硬背，把自己累得半死还不算，还滋长厌学情绪。只有根据语文学习的内容的不同，灵活运用多种方法，才能切实提高学习语文的效果。

语文成绩好，积累很重要

可能很多小学生都有这样的苦恼，对于数学来说，只要记住运算法则、定律，多做题就能学好，但语文却不行，到底该怎样学好语文呢？首先，你要先了解到，语文是一门需要积累，厚积薄发的学科，不像数学，在短时间就能够突飞猛进。它在平时的学习过程中，不需要占用很多、很大块的时间，它需要的是你每天的加强与积累。也就是说，学好语文一定要注重积累。

这也是很多小学语文老师在教学过程中反复强调的，以下是两位老师的教学分享：

“在语文学习中，首先，我们应注意积累。如关于字形、字音、诗歌背诵等需要死记硬背的知识。对于它们，我们只有反复地去看去记，在考试出现错误之后去整理错误的知识点，以免下次考试的时候再犯同样的错误。只有这样才能保证面对这类试题时有较高的得分。其次，语文还要注重理解。这要求同学们在上课的时候认真听老师讲解各个知识点或题目，只有对语文各个知识点有较为透彻的掌握，才能在多变的语文题目中找到答题所需的知识点。比如像改错、缩句、扩句、诗词鉴赏等。”

“我认为语文学习最重要的也是积累，但不同类型的知

识，我觉得应该运用不同的方法来学习，比如针对基础的语文题目，如拼音和错别字，一定要用心，认真记忆，不过在经历了一段时间后发现自己反而很容易搞混，题目中时不时就冒出来一两个新鲜词。反思过后，我决定把对付基础题的工夫都放在平时积累上，每天熟悉熟悉，我建议同学们抽个一两分钟每天练几个小题目，把新的错的都整理到自己的小本本上，这样就能做到胸有成竹。”

从这两位老师的分享中，我们发现一个共同点，那就是重视积累。不注重积累是学不好语文的。

那么，我们该从哪几个方面做好语文的知识积累呢?

1.早自习

朗读背诵课本上的重要篇目，学有余力的同学可以充分利用好语文读本，既紧密结合课本，又可以拓展知识面。早上的朗读很重要，对于学习文言文来说，可以增强语感，提高理解能力，而且朗读美丽的文章，本身也是一种美的享受与熏陶。早自习时，经常拿着一本古诗集，看着窗外绿绿的树叶，或是云飘的天空，时而朗读，时而背诵，也是调整心情的一个好办法。

2.课堂上

紧跟老师思路，掌握学习语文的各种技巧，可以在考试中运用自如。学习语文需要同学们端正态度，不要以为是中国人语文都不会差到哪里去。上课的时间的确是重要的，老师的讲解会节约不少自己摸索的时间。

3.课外

事实上，语文无处不在，生活的各个领域都离不开，在语文的学习中要强调大语文观，注重广泛摄取，形成一定的积累，然后试着灵活应用。大语文观要我们平时学会注意周围，其实周围有很多我们书本上学不到的东西，而这些往往就在于你经意与不经意之间。比如校园内张贴的一些名人名言、电视或广告牌上的广告词等，这些都可以去留意并形成积累，以备不时之需。另外，你还应该有意识地多看书看报，拓宽眼界，增强理解能力，尤其要充分利用好双休日与长假的时间。为此，在学习时准备一个摘抄本是必不可少的，把自己心灵有触动的字句摘抄下来，时时朗诵记忆，有助于提高自己的作文水平。

总之，对于小学生而言，学习语文也不难，最重要的是注重积累、遵循规律，如果能从以上三个方面努力，相信你一定能有所收获！

吃透古诗词，要下一番功夫

对很多处于学习阶段的小学生来说，在语文学习中，古诗词绝对是一件痛苦的事，似乎每天早读都在朗读和背诵，摇头晃脑背诵了一早上，一到用和考试的时候，就全部忘记了，对此，一些学生认为，学习古诗词太难了，其实，只要你掌握以下几点方法，就能吃透古诗词，为此，教育专家为我们总结了

以下方法：

1.理解古诗词含义

古人无论是写古文还是作诗词，都有一定的语言习惯，他们注重文字的推敲，但在背诵文言文和诗词的时候，我们并不是要死记硬背。而同样需要理解，了解诗词的思想。这些内容肯定都有一定的逻辑性，只有搞懂了诗词中的意思，在背诵的时候，才能更好地记忆。

例如，“眄睐以适意，引领遥相睎”这句诗，如果你不理解它的意思，是很难记住。这句诗的意思是：在无可奈何的心情中，只有伸长着颈子远望寄意，聊以自遣。如果弄清了这句诗的意思，就很好记住它了。

2.情景想象

所谓的情景想象法，就是开发我们的想象力，想象诗词中描绘的景象是怎样的，这样帮助记忆。

例如，“采菊东篱下，悠然见南山”，在学习这首诗的时候，你可以想象下，有一位衣着朴素且神情悠然自得的老人，站在一排竹篱笆前，悠闲地采摘着菊花，他的身后是轮廓非常清晰的山，在头脑中勾勒出这样的画面，那么，这首诗的意境你就掌握了。

3.抓住韵脚

古诗将就韵律，这是一种文学美，在记忆古诗词时，可以抓住这一点背诵。

例如，“花谢花飞飞满天，红消香断有谁怜？”这句诗的韵脚是韵母“an”，因此在记忆的时候，可以记住韵脚的字，从这个字来扩散到这句诗，从而加深记忆。

4.多诵读

我们在古装剧中，经常看到扮演古人的人在读诗词时摇头晃脑，将诵读内容音调拉的很长的样子，也许那时候，很多人还都忍俊不禁，但我们可能没想到的是，这种方法却能辅助记忆，因此大家背记诗词的时候，可以适当放慢速度，速度放慢了，可以尽情体味诗中的意向，从而加深记忆。

5.分析法

我们对事物分析过后能建立比较立体和客观的印象，相反，平滑而独立的事物是很难在人的大脑里留下持久的印象的。如果在分析后能将当下的记忆内容和曾经记住的部分联系起来，这对于记忆当下的内容是有很好的促进作用的。

例如，“人间四月芳菲尽，山寺桃花始盛开”。这是大诗人白居易《大林寺桃花》中的一句。看完这首诗，不妨分析下：

为什么诗人说四月的时候山外的桃花都谢了，而山里的桃花却刚刚开始呢？只要稍加留意和分析就知道，这是因为山下和山上的气温不一样，因此桃花在山里山外开的时间也不同，如果稍用地理知识分析，就可以知道，这是自然带分布中的垂直自然带，这样一来，对这句诗的记忆肯定深刻了。

6.对仗法

很多古诗，尤其是律诗是非常讲究对仗的，对仗是这些诗歌的一种规律。从这一点出发，如果我们在记忆古诗词的过程

中，将两句对比着记忆，就可以克服记忆单句的困难。

例如，“两只黄鹂鸣翠柳，一行白鹭上青天”，这两句诗中，对仗比较工整。两只对一行，黄对白，青对翠等，这样可以对比着记忆，很容易同时将两个诗句一并记住。

以上就是吃透古诗的6种方法，其中很可能大家对其中的一些已经有所了解，也可能另外的几个没有试过，但总的来说，掌握这些方法，相信会我们有用。

小学生学好语文的几大要素

对于小学学习来说，语文是一门主课，语文学得好不好，直接关系到综合成绩的高低，不过，很多小学生却感叹，语文学习真不是一件容易的事，不但要背课文、古诗词，还要写生字词，还要写作文。但其实，只要你能从以下几个方面努力，一定能提升语文学习效果。

1.培养良好的语文学习习惯

习惯是人的第二次生命。语文学习，必须重视良好的语文学习习惯的养成。无论是人格上的，学习方法上的，都要十分重视，从点点滴滴严格要求，严格训练，去培养良好的习惯。尤其要指出的是，培养习惯，正面引导固然重要，但教育心理学告诉我们：习惯养成教育，有时还必须带有强制性。这样一说，好像同“以人为本”的理念相悖。

其实则不然。真正的“以人为本”，并不完全是课堂上的热热闹闹，一味地顺从和迁就学生，必要时，还需要有教师意志的左右。因为，我们要为孩子的未来着想。那才是“以人为本”最本质的含义。

对于小学生来说，以下八个习惯要主动养成：①主动学习，刻苦学习的习惯；②细心认真、一丝不苟的习惯；③勤于动手、动笔、动脑的习惯；④大胆、大方、大声说话，说普通话的习惯；⑤爱惜书本文具的习惯；⑥好问的习惯；⑦在合作学习中积极参与的习惯；⑧规范、整洁写字的习惯。

培养习惯，要悉心引导，严格要求，点点滴滴到位。

举例来说，培养的写字习惯，就是要写一笔好字，就必须要求有一定速度，必须规范、整洁地写字。必须经常主动习字。习惯是具有迁移性的，当你把规范整洁地、有一定速度地写字的良好习惯养成了，其他习惯：如爱惜书本文具，学习细心认真，一丝不苟，学习讲效率，讲质量、求速度等等也跟着上来了。

2.培养学习语文的热情

在学习语文过程中，需要你的真情和激情的投入，这样才有利于语文课程目标三个维度的落实。也就是说，在语文课堂上，你必须进入“角色”，我们常说的：不动感情不读书；拒绝伪读等，其实就是讲的这个道理。

这方面，需要熏陶，需要结合习惯养成教育来培养。尤其需要注意的是，你不能对语文学习产生对抗情绪，如果你对教

师教学方法反感；机械重复地抄写；教师对学困生歧视等，都可能导致这种后果。很好理解，试想，如果你看了课表，某节课是语文，眉头都是皱的，语文课还怎么上？

3.会读书

即具有各种基本的读书技能：①要会朗读，要动情地读书；②要会默读，要能做到默读中注意力集中，不动指、不动唇、不回视，抓住主要内容等；③要学会快速读和略读、浏览；④要学会在读中思考、质疑、解疑，学会在读中圈点、批画。会读书，自然最首要的就是要求掌握一定数量的字词。还有达到一定的课外阅读量。（课外阅读量，课程标准有个“不少于”的界定，这只是个保底的要求。）这些，就应当说是个死任务了。当然，不同年段有不同的要求。

从更广的视野看，会读书，说到底是会学习，即掌握一些基本的学习方法。你只有经历大量的语文实践活动，才可能学好语文。新课程不再提语言文字训练，但训练肯定还是要的，是必需的。语文实践活动，总得以训练为基础。某种意义说，实践何尝又不是一种训练？因此，要从听、说、读、写；从字词句段篇的学习上，从合作学习上，从收集资料、处理信息上，习得一些好的学习方法，并主动去运用，形成习惯，这样你将受益无穷，甚至终身受益。

在读书中，尤其要形成较敏锐的语感，即基本的感悟语言的能力。只有具备了一定的语感，才可能学好语文，同时也有利于培养你热爱祖国语言文字的感情。语感的培养，首先靠

读，当然，这也需要进行一些有意思的训练。比如你可以用讲幽默、笑话、俏皮话等方式来培养语感，诚然，光靠这种方法来训练，远远不够。还要采用其他多种多样的方法，如课文的重点段落，抓关键词展开联想，想象等。总之，要多方式、多层次。

学好生字词，语言功底才扎实

囡囡上小学五年级，语文学习困难，特别是生字词。比如，经常写错“知到”“令天”，老师为了让她记住，就让她抄写50遍。可是等她认认真真地写完了以后，老师只能傻笑，因为她经常是把错误的生字又写了50遍，这样一来，正确的没有记住，可是错误的字却被牢牢地记住了。

在小学，孩子们每天会接触一些生字，必须要记忆并且学会运用，如果记不住，又没有适时适当地进行引导，生字生词越积越多，到了中学，各科成绩都会受到影响。

的确。语文是语言和文学、文化的简称，而字词是语文的基础，能记住字词才能遣词造句，才能学好语文，因此，掌握语文生字词的记忆方法是学好语文的重中之重。为此，我们总结了以下生字词的记忆法：

一、生字记忆

1.理解记忆法

在语文的学习上，无论是学习字词，还是句子，或者是背

诵课文，都要建立在理解的基础上，要在抓住特征、理解本质的基础上去进行记忆。

例如，“叮、吐、吵、呛、吃、吮、叫、呻、呼、哼”等都由口发出的，从“口”偏旁；“线、钱、浅、栈”，从“戋”偏旁；“蛄、虻、蚁、蚜、蝗、蝉、螂、蝶、蜂、蛾”等都是昆虫，从“虫”偏旁。从这一角度去理解，会很快记住一大批字。

2.形象记忆法

对于低年级的学生来说，这一方法尤为有效，因此可通过具体形象来帮助记忆。

例如，学习“爱”字，学生把它拆成“爫、冖、友”，然后配上儿歌“爪字头，秃宝盖，小朋友，真可爱”。

“弯”可记成为“一点一横长，两竖在中央。一边一个点，弓字在下边”，学生一背口诀，就想起了这个字。

亮：一点一横长，口字在中央，下面秃宝盖，几字最下方。

又如，“瓜”可用形象记忆，包围结构的两撇和一捺表示瓜藤和叶子，中间的部分表示藤上结的瓜。

这种方法，不仅能帮助学生们记忆生字，还能开发学生的想象力，提升他们的学习兴趣。

3.比较记忆法

比较记忆法是一种根据字的间架结构相近或字音相同、相近来归类、对比而记忆的方法。

例如，“跑”“抱”“袍”“炮”这四个字，字形、字音

相近，容易混淆，若归类、比较后，可编成顺口溜加以区分。

如“有足就是跑，有手就是抱，有衣就是袍，有火就是炮”。

许、杵、忤、仵：言午许（xǔ），木午杵（chǔ），有心忤，人仵（wǔ）。己、已、巳：关门巳（sì），开门己（jǐ），半关半开就是已（yǐ）。

再如，“戌、戍、戊、戎”这四个字，字音虽然各异，但是字形实在很难分得清。

4.图解记忆法

即根据字义或形象，用图解来帮助记忆。

如“聪”字，怎样才算“聪”？耳朵（耳）要听，眼睛（总）要看，嘴巴（口）要念，心里（心）要想，这样才算是“聪”。

5.故事记忆法

可以根据某些字的特殊形义编一个小故事来记忆。

鸨：十字架上插匕首，保你大鸟飞不走。

如“裹”字，可编故事为：有个小孩，摘了不少野果子，回家时不好拿。他灵机一动，脱下身上的衣服，把野果子包起来，高高兴兴地提着回家了，这就是“果”之所以在“衣”中的缘故。

6.部件记忆法

可以把一个较复杂的字拆散为几个单独的字来记忆。

例如，鲜（鱼 羊），章（立 早），“嬴”字可拆为“亡”“口”“月”“贝”“凡”；

“腐”字可拆为“广”“付”“肉”等。

这类字有：蹲、膊、冀……

形声字一般由几个部件成，可以分析其字形，把它拆成几部分来组合记忆。

如“爸”由“父”字头和“巴”组成；“妈”由“女”字旁和“马”字组成。

二、生词记忆

语词是说话、写文章的基础，要提高语文水平，必须记住大量语词。

记语词除了弄清词义、造句外，还可采取比较、改错、联想等方法。

1.比较记忆

为了准确地掌握词义，我们可以找出一个词的同义词或反义词。

（1）找同义词：即找出与要记语词意义相同或相近的词。例如，“天国”一词的同义词就有“天堂、上界、上天、上清、净土、西天、西方、西方净土、极乐世界”等。

还可采用这种方法记成语。例如，按图索骥——顺藤摸瓜；才高八斗——学富五车；肝胆相照——志同道合；烟消云散——土崩瓦解；得心应手——驾轻就熟。

（2）记反义词：即找出与要记的语词意义相对或相反的词。例如，大方——腼腆；诞生——逝世；俯视——仰望；丰富——贫乏；拂晓——黄昏。

（3）记成语也可用这种方法。例如，单枪匹马——群策群力；屈指可数——不胜枚举；阳奉阴违——表里如一；落井下石——雪中送炭；悬崖勒马——执迷不悟。

2.奇特联想

记成语可以用这种方法。例如，要记如下生僻成语：

孔武有力　名缰利锁　被发文身　前倨后恭

巧舌如簧　穷源竟委　秋荼密网　囚首垢面

人亡政息　傥来之物　唐突西施　天上石麟

铁网珊瑚　头童齿豁　兔起凫举　推燥居湿

记此类生僻成语必须先弄清词义，这样既便于记忆，又利于以后运用。

这些成语可联想为：孔武有力的斗牛士，戴上了名缰利锁，他的形象是被发文身，他的姿态是前倨后恭，他嘴里巧舌如簧，宣称能穷源竟委，他叙述了斗牛场上的秋荼密网，弄得囚首垢面。但是，随着人亡政息，自由成了傥来之物，尽管有人说他唐突西施，但他不愧是天上石麟。即使搬来铁网珊瑚，搞得他头童齿豁，他也能如兔起凫举，却甘愿推燥居湿。

总的来说，记忆生字词，每个小学生都可以根据自己的情况，找到适合自己的记忆方式。记住字词，是学好语文的重要方面。

小学生如何少写或不写错别字

错别字是错字和别字的总称，错字指写得不正确的字，即写成不成其为字的字，而别字则是用其他字代替应写的字。在小学学习阶段，错别字的出现呈现正态分布的态势，即随着年级的增高，识字量增大，错别字渐渐增多，中年级即三年级达到顶峰，高年级又渐渐呈下降趋势。

错别字可以说是小学语文学习中的“常见病”“疑难病”，基本可以概括为以下几个原因：

1.汉字本身的特点

（1）结构复杂。汉字结构差别大，仅《新华字典》就收录了8000多个汉字，不同的结构成分约有1000个笔画之多。在1952年原教育部公布的2000个常用字中，每个字平均有11画之多，其中在17画以上的字就有221个；每个字形体差异小，多一笔，少一笔，长一点，短一点，就成为不同的字或不成为字。例如，“未——末”，“酒——洒”。

（2）同音字多。在普通话中，有1000多个单音节同音字。如果不计声调，汉字仅有418音节，每个音节平均有同音异形常用字733个，存在一字多音（调）、一音多字的现象。例如，“纪念——纪年”，“业绩——业迹”等，都是因为音义相同或相近造成的。

2.小学生的心理原因

（1）感知不精确，辨析不准确。小学生的知觉还比较笼统，未形成精确的分化能力。例如，“荆棘”写成“荆刺”，由于孩子空间知觉特别是左右方位知觉不完善，常常将字写的左右颠倒。

（2）注意不稳定，粗心大意。学生的注意力还不稳定，往往容易被那些与学习无关的外部因素所吸引从而导致出现错别字，但这些错别字大多数在注意检查的条件下自己能发现并纠正的。

（3）记忆不清，似是而非地臆想。由于汉字的音和形分离，有时学生能够读出字音，却记不清字形，于是有的学生进行似是而非的类推，从而造成错误，如“苹”字上面的“艹”；结果把“苹果”错写成“苹菓”，这类错别字在连用的双音节词中经常出现。

（4）思维的定式影响。定势又称心向，是人的心理活动的准备状态，在识字过程中表现之一是，前一个字的字形影响后一个字。例如，“批评——批抨”，“眼镜——眼睛”。这种情况也出现在双音节词中。表现之二是先学的字影响后学的字。“一般”受“船”的影响写成“一船”。

对错别字进行分析，目的在于“防患于未然”，着眼点应放在预防上，防重于纠。那么，怎样防止学生少写或不写错别字呢？主要有以下的几种方法：

1.根据字音特点记字形

有些字字形相似容易混淆，但是我们可以通过这个字的声母和韵母区别开来，如“今——令”，这两类字容易混淆，但是只要记住声母是“L”往往都可写成“令”。例如，铃、

岭、怜，那么其余的都写成“今”，如“吟、念、贪”等。还有的字可用韵母来鉴别。例如，“舀——臽”很相似，韵母是“ao”应写成“舀”，如“稻、蹈、滔”，其余的只能写成“臽”，如“焰、陷”等。

2.利用形声字的规律记字形

汉字中的形声字由表意的形旁和表音的声旁构成，而形旁、声旁大都是原来就有的单字。如果学生懂得汉字的构字规律，了解形声字的有关规律知识，别字就会大大减少。例如，“急躁”的“躁”和“干燥”的“燥”字的区别：“躁”是足字旁，当人脾气急躁时常要顿足跳脚的，而“燥”则是火字旁，火烤了当然要干燥。又如，对一些字的偏旁，如果能说出其标义，理解其释义，错误就会减少。例如，“冫”与“氵”常常混淆，我们要讲清楚，凡用“两点水”（冫）作偏旁的字，大都同冰有关系，如“冻、冷、凛、冽、凝”等，而用“三点水”（氵）作偏旁的字，大多同水有关系，如“江、河、湖、海、洪”等。

3.发挥想象记字形

小学阶段的学生的想象是丰富的，一个圆圈，他们可以认为它是一张嘴，一只饼，一个球，甚至是男孩用手推的一个铁环。因此，根据孩子对汉字的感知特点，对于容易出现错误的地方，如在比较隐蔽的部位中的点、横、钩等，除用彩笔加以标明外，还可让孩子合理地想象，使这个隐蔽的弱成分变成强刺激。如“鸟”字中的“点”像什么？有的孩子说像一条吃

到肚里的虫子，有的说像啄木鸟尖尖的嘴巴，还有的说像啄木鸟的心。又如“奶”字，有的孩子说“横折折钩”像奶奶的“驼背”，“撇”像她拄着的拐杖。有时，我们可以根据汉字的组成关系编顺口溜，如“辛”，有位学生说：“妈妈是个营业员，每天立上十小时真辛苦。”这样，他不会把“辛苦”写成“幸苦”。又如“省”字，有位学生说：“到商店买东西，少用眼睛看，可以省下许多钱。”既生动有趣，又减少了孩子识记生字的心理活动过程，孩子记得牢，甚至终生难忘。

4.采用螺旋式复习法

小学低年段的孩子还缺乏精细的分析能力，短时记忆占优势。为了减少错别字，必须经常性地复习巩固，以便达到长时记忆的效果。研究发现，螺旋式的识字复习法是较有成效的识字巩固方法，其做法是在相对应的时间内，复习前面学过的生字，如今天复习昨天的，下周复习上周的。如此波浪式地前进，到下一个阶段（如期中）再复习一次。反复练习可使儿童更好地识记，保持记忆，但不能盲目多练。实验证明，一般一个生字平均练习3次，在默写中就足以使错误率降低到7%以下，与生字练习抄8遍的效果基本相同。除此之外，最值得提倡的是多阅读课外读物，开拓识字领域，在阅读中增加生字复现的频率。

5.培养良好的习惯

学习习惯会影响你一生的学习成绩，因此小学生要树立自信心，养成细心观察、规范书写、自觉检查、及时纠正的习惯，以及遇到字形生疏或字义不懂的字就查字典的习惯。

第 08 章

快乐 ABC，英语要听、说、读、写全面着手

小学是英语学习的初级阶段，难度不大，但这并不代表英语学习对于小学生不重要。实际上，只有小学打好了基础，中学阶段的英语学习才能驾轻就熟。不过，一些小学生觉得英语很难学，主要是单词记不住。的确，词汇是掌握英语知识、交流能力和学习技巧的基本准备，词汇量的多少已经成为衡量一个人外语水平的重要标志。接下来我们就来看看小学生如何才能积累英语单词。

小学生如何学好英语

相对于中学英语来说，小学英语知识相对简单，但对于刚开始入门的小学生来说，依然难度很大，那么，小学生如何学好英语呢？以下是一些简单的建议：

1.培养学习英语的兴趣

兴趣是最好的老师，放在英语学习上更加合适。英语的学习需要一定的兴趣，才能够记得住，记得牢，并且灵活运用。小学生在平时可以通过观看英语漫画书、英语电影或者通过听英语歌曲，来提高自己对于英语的学习兴趣，在潜移默化之中就会渐渐地喜欢上英语。

2.学会记单词

单词是英语学习的基础。记单词主要记拼写、发音、词义和词性。

拼写是要分音节背更好记。什么是音节？通常情况下，单词中有几个元音字母（a，e，i，o，u或者元音字母的组合，包含元音和元音字母的组合、元音和辅音字母的组合），它就有几个音节。

例如，photo一词中有两个元音字母o，就有两个音节，pho-to；camera一词中有三个元音字母，就有三个音节，ca-me-ra；weather一词中有ea和er两个组合，那就有两个音节，wea-ther；rain一词中只有ai这个组合，那就只有一个音节。

音节的划分还要注意一个问题，辅音的分配。如果元音字母或者组合之间只有一个辅音，这个辅音归在后面的音节；如果有两个辅音，那就第一个辅音柜前面的音节，第二个辅音归在后面的音节。

例如，picture一词中有i和ure两个组合，那就两个音节，之间的辅音有两个，c和t，那就c归前面的音节，t归后面的音节，就是pic–ture；

再如，colour一词中，有o和our两个元音组合，分为两个音节，但中间只有l一个辅音字母，那l就归在后面的音节，就是co–lour。

在学习单词的时候，把握住这个规律是很重要的。

另外，关于发音的问题，第一次接触新单词掌握正确的读音也很关键，就好像人的第一印象一样，记错了发音，记错了名字，以后就比较难纠正。而且孩子往往只记拼写不记发音，这是造成哑巴英语的直接原因，只会看不会读。一定要重视单词的发音，只有读准读好，才能说好，有一口流利的英语，那是多么美妙的一件事呀。发音包括正确的字母发音和重音。每个字母的发音就是音标中显示出来的，一定要跟着配套录音带、光碟好好读，好好记。如果有现成的音标资料更好，可以系统地学习。

词义是学生熟悉的必背的内容。

词性，容易被学生忽略，但它是学习英语中十分基础的部分，一定要把握住各种词性的基本特点，为今后的英语学习打

下良好的基础。

3.敢于说英语

怕发音不准确，怕读错了被笑话，都是学生在说英语时的一些顾虑，所以应该建立自信的心态，敢于说英语，而且学习本来就是一个不断犯错不断改正再不断犯错的过程，大胆地开口发音，不断地去尝试，去练习，通过一次次的练习就能逐渐掌握正确的发音。

4.多听多读是学好英语的基本目标

英语想要学好，多说多听是必须的。老师和家长应该都要鼓励小学生多开口读英语，但不是像小和尚念经一样，不过脑的读，而是要动脑去读，避免形式单一，可以进行角色扮演之类的英语活动。小学生刚开始学习英语时兴趣都很浓，回到家都愿意读给家长听，但渐渐就害怕“开口”。所以这就需要家长的鼓励和表扬，增强小学生英语学习的信心。

5.平时多写作

“写”的形式很多，不一定就写作文才提高写作能力。比如写一天中发生的一些重要事情；或当天学了某一个词组，可以创设一个语境，恰如其分地用上这个词。

6.将英语学习和生活结合起来

结合生活实际进行学习，如在家居上贴上英文标签（在床上贴上bed，在电视上贴上TV等），在外面玩时见到熟悉的事物时，可用英文说等等。要培养孩子逐渐养成留意身边英语的好习惯，久而久之就会有意想不到的效果。

背单词真的很难吗

我们都知道，在英语的学习过程中，最基础的就是背单词，记不住单词，就不可能学得好语法、句子乃至文章等，因为英语毕竟是一门外语，但背单词对于很多学生尤其是小学生来说似乎太难了，毕竟和初中生不同的是，小学是刚接触正规的英语学习，是学习英语的入门阶段，万事开头难，很多小学生发现，每节课都要记好几个单词或用语，当天记住了，可是过了几天又忘了，而且有些单词或用语很难记，甚至有些单词的构成、读音等看起来十分相似，很容易混淆，确实不容易记。

那么，该如何记英语词汇呢？记英语词汇有什么诀窍吗？英语词汇不能死记硬背，要讲究方法。

古人云："知己知彼，百战不殆。"打倒敌人的不变法宝是了解敌人并找到敌人的长处和弱点，其实，如果我们连敌人在哪都不知道，又何谈战胜敌人呢？

其实，我们记忆单词何尝不是这一道理呢？

同样的道理，我们要战胜单词，最重要的就是要找出我们记不住单词的原因。就像一辆车坏了，你得先找出它坏在哪里才有可能把它修好。

如果你能够用一天的时间记忆800 个以上陌生的英语单词，并且第二天没忘记，甚至过了更长的时间还能记住，那么后面的内容你基本上可以不用看了（当然这本身不是大多数人能做到的）。如果你连一天记忆300个单词都没有完全的把握，那么接下来的内容对你将非常重要！

1. 很多小学生不懂得英语单词的构造原理

一个单词为什么是这个意思而不是那个意思，为什么这一单词是由这些字母组成的，在造单词的时候，是出于什么样的考虑呢？

这些“造字机理”，并没有专业的书讲清楚过，因此，我们中国人在学习英语时，就只能靠背单词来记忆了，但即使背下来了，也并不能理解，死记硬背记住的，也容易遗忘。

2. 汉语是表意系统，英语是表音系统

为什么英国人可以轻松学会英语、记住单词？中国人也能轻松记住汉字、会说汉语，这就是母语优势的道理。

每一个人都有学会任何国家语言的能力，甚至是动物的语言，狼孩就是很好的例子。但这种能力是有时限性的，年龄越小越能自动习得。婴儿出生后的0～6个月是学习语言的关键期，虽然他还不会说话，但已经开始大量吸收信息。所以简单来说，人类有先天学会母语的能力，并且在学会母语的过程中，大脑的思维能力同步成长，就好比给大脑安装了语言软件，只不过汉语安装的是表意系统的软件，英语安装的是表音系统的软件。因为两种语言有很大的差异，所以我们就会有先入为主的问题，出现不兼容的情况。

实际上，背单词并不是有口无心地死记硬背，因为单词本身的内部构造也存在一定的逻辑关系，单词和单词之间是血脉相连

的。找到中间的关系，对单词进行组合记忆，利用其中一个相对熟悉的词去捆绑记忆另一个陌生单词，这样记忆效率明显会提高！

然而，由于小学语文也在学习拼音，不少小学生在学英语时会不自觉地将英文单词与汉语拼音联想到一起，而并没有看到英语单词内部的逻辑，剩下的自然就只有空洞的读音了，于是只能无奈地选择死记硬背，这是记不住英语的单词重要原因，对于每个小学生来说，要想学好英语，首先就要学会找到英语单词内部的逻辑结构，便可举一反三分析和记忆单词，相信你的单词记忆效果会有所提高。

单词是英语学习的基本功

我们都知道，任何一种语言都是由词汇组成的，而对于英语这门外语，我们也只有增加单词量，才能由量变造就质变，也就是说背单词是提高英语成绩的前提条件。如果不认识的单词太多，英语肯定无法提高。不过，对于处于英语入门学习阶段的小学生而言，可能会产生疑问，到底怎么记单词才能记得牢呢？

的确，英语的词汇量很大，来源虽然很复杂，但是依然有很多小学生掌握了记忆单词的窍门，以下就是他们分享的几点心得：

1.汉字有偏旁部首，英语单词也是有结构的

据了解，英语单词共有六十多万个，这也不是绝对和全面

的，但是他们都是由一个或若干个词素组成，词素就是用以构成一个词有意义的音节（比较专业的解释）。

例如，progress，是由pro-，gress两部分组成，pro的意思是foward（向前），gress的意思是step（步）。所以这个单词的意思是进步。

再如，reconstruct，是由re-，con-，struct组成，re-表示again（再次），con-表示together（共同），struct表示build（建立），所以这个单词的意思是重建。

2.结合读音规则记单词

英语的读音和拼写形式是两套符号，但它们是统一的，有规律的。大多数单词的读音和拼写是一致的。如单音节词一般是按开音节和闭音节的读音规则读音。如：late[leit]，tie[tai]，lamp[lamp]，stick[stik]。

辅音字母的读音一般是固定的，如字母c在多数情况下读[k]只有在e，i（y）前面读[s]，如rice[rais]，city['siti]，bicycle[baisik]。

双音节或多音节的重读音节的读音一般都附和开音节或闭音节的读音规则。学习多音节时首先要弄清单词重读音节，做到按音节背字母单词。

如famous['feimrs]–fa–mous著名的。

3.结合构词法记忆单词

前缀记忆：英语单词前缀很多，常用前缀有：anti-（反对，防止），co-（共同），de-（离开，除去），dis-（否

定，相反），en-（放进），ex-（超过，向外），fore-（先，前，预），pro-（预先，向前），re-（回，重新），un-（不，无非），等等。

如，uncomfortable（不舒适），前缀un-（不），com-（共同）。

分解记忆：如，bicycle-自行车（bi-两，cycle-轮子），deform变形（de-去掉，form-形状），subway地铁（sub-在……底下，way-道路）。

分组记忆：如，in-，ig-，il-，im-，ir-都表示“无”“非”“未”，可以把这类开头的单词列在一起记忆，如incomplete，incorret，ignorance，ignoble，illegel等。

4.后缀记忆

后缀分四种，名词后缀，动词后缀，副词后缀，形容词后缀。

名词后缀：-al（动作），-ment（动作），-ion（行为），-ance（性质），-ness（性质），-ant（人），-ent（人，物），-ism（主义），-ist（人），-ship（身份，资格）。

动词后缀：-ate（造成），-en（使），-ity（使），-ize（使……化）。

形容词后缀：-less（无），-ful（充满），-able（能够），-ish（有……的），-ive（性），-ly（的，品质）。

副词后缀：-ly（地），-ward（s）（向）。

词尾分组记忆：如-th表示“动作”，“过程”，“状态”，“性质”：birth（出生），death（死亡），depth（深

度），growth（成长），wealth（健康），width（宽度）。

多义词尾组合记忆：如nation名词（国家），national形容词（国家的），nationalist名词（国家主义，民主），nationality名词（国民性），nationalize动词（使国有化）。

5.合成记忆

例如，black+board=blackboard（黑板），foot+ball=football（足球），he+goat=hegoat（公山羊）。

6.比较记忆法

例如，air空气——hair头发，black黑色的——lack缺乏，send送——sand沙，waste浪费——save节约，safety安全——danger危险。

7.结合词组、短语、句型记忆

例如，danger——in time of great danger 在危急时刻，leadership——under the leadership of在……领导下。

8.结合句子记忆单词

例如，要记忆introduce（介绍）这个单词可结合句型 introduce sb to sb.

eg: Allow me to introduce my friend Mr.Smith to you.请允许我向您介绍一下我的朋友史密斯先生吧。

英语词汇不能死记硬背，要讲究方法，从以上几个方面着手，就能助你快速记住单词，如果再能经常重复，就能最终掌握单词，增加词汇量，提升英语学习能力和知识水平。

当然，在掌握了一定的单词量之后，你还要懂得区分单词

的具体运用，英语单词根据熟悉程度的不同可以分为积极单词和消极单词，积极单词是看到认识并且会主动用到的单词，消极单词是看到认识但是不会主动用到的单词，积极单词对于英语写作很重要，消极单词对于阅读理解很重要，因此在背单词时要注意效率，有些单词是经常在阅读中出现的，因此你背这些单词时只要达到认识的程度就可以了，这样可以节约很多时间多背一些单词，而写作时需要的单词一定要背到积极的状态。

总之，你需要明白的是，英语的学习并不是一件难事，首先我们要做的就是积累单词量，量变达成质变，有一定的单词量之后，你的英语成绩自然会有所提高。

形象法学单词，记忆更有趣

词汇学习是一个循序渐进的过程，可以分为三个阶段：新词接触——单词记忆——巩固使用。不同人的大脑自然思维模式不一样，对于具体事物的感知程度也不一样，针对这种情况，我们可以采用形象法来记忆单词：

形象记忆法中形象化后地表示称为形象代码，常用的形象代码组成一个形象代码表。大多数的英语单词都可以用形象代码表中的代码组合表达出来。这样的形象代码组合是一个句子，这个句子往往是荒诞的，滑稽的，但特别易于记忆。

形象记忆法适用于有一些基础的英语学习者，其中就包括小学生，小学生学习英语单词，记不住是常见的一大难题，下面这几种方法会让记忆单词变得有趣很多。

1.拆分记忆法

拆分法可分四步：形象思维发现单词构成规律——根据规律拆分单词——赋予各个部分特定的意义——掌握单词。

（1）派生词的拆分法共有三种。加前缀法；加后缀法；加前后缀法。

加前缀法：view，preview，review。

加后缀法：use，useless，useful。

加前后缀法：stuct，construction；faith，unfaithful。

（2）合成词拆分法。合成词指由两个或两个以上词干或独立词组合起来的单词。合成词拆分法是揭示合成词组成顺序的方法。

basketball（篮球）= basket（篮子）+ball（球）；

blackboard（黑板）=black（黑色的）+board（木板）；

headache（头疼）=head（头）+ache（疼痛）。

（3）复合词的拆分法。复合词，也叫混成词，是由不同单词的部分组成或一个单词加上其他单词所组成的单词。采取拆分法学生可以产生更深刻的记忆。

autocide = automobile + suicide；

motel = motor + hotel；

workfare = work + welfare.

（4）简单词的拆分法。单纯词指那些不能再被拆分成更小

表示完整意思的单词。拆分法记忆简单词是通过将单词的每个部分附加特定的意思然后尝试记忆的。

family =father and mother， I love you.

chew =cow， horse eat weed.

news =north， east ， west， south.

2. 联想记忆法

联想记忆法指依据发音和单词的构成通过联想把简单的单词变成有意义的句子或更多的句子的方法。

（1）回文法。在英语中顺读和倒读都一样的单词、短语或句子等叫回文。因为英文单词、短语和句子都是由字母组成的，一些单词从前往后与从后往前的拼法完全一样。这就是帮助初级学生学习单词的另一种方法。例如， pop（砰的一声），dad（爹），deed（行为），did（做）。也有些单词从前往后和从后往前读是两个不同意思的单词。如：are（是）—era（时代），deer（鹿）—reed（芦苇），door（门）—rood（十字架）等。

（2）谜语法。谜语大多利用单词的拼写，表面“荒诞”，谜底揭开就变得合理。这类智力游戏会激发学生学习英语的热情并可以提高听力与理解力。例如，“——What word， if we change the position of one of its letters， becomes its opposite? ——United or untied.（ 联合的—松散的）” “Which letter is the most useful to a deaf girl? ”——letter “A” 。只有 “A” 可以使her 成为 “hear” 。

Which is one of the longest words in the English language? ——“smiles”因为第一个“s”和第二个“s”之间有一“mile”。

（3）绕口令法。绕口令指发音相同、相近的词语和容易混淆的字有意集中在一起，组合成简单、有趣的韵语，形成一种读起来很绕口，但又妙趣横生的语言艺术。例如，She sells seashells on the sea-shore。绕口令经常在发音练习中使用，轻松的氛围能帮助学生克服压抑的心情，可以学习词汇。

例如，“Good，better，best，Never let it rest；Till good is better，and better best.”帮助学生学习类似发音的单词“best”and“rest”，同时还帮助学生辨别“good”，“better”and“best“之间意思的差别。总之，绕口令不仅可以在语音练习中而且可以在词汇学习中使用，让学生在轻松愉快的氛围中学习。

3. 推理记忆法

总结本单词构成的规律，然后使之推广到一类词，以“穿针引线”的方式进行记忆和信息提取的方法即推理记忆法。例如，在记忆 weekly 时，不难分析出它是由名词 week（周）+“ly”构成的，其新的意义为“每周一次的，每周一次地，周刊”三个意思，得出规律“时间名词 +ly”意思为“每……一次的；每……一次地；……刊、……报”。最后将其推广到“daily，quarterly，yearly”，形成一系列的记忆。又如“windy ”（有风的），可推出“rainy，cloudy，sunny”等。

4.图像记忆法

通过运用图片，采用直观形象的方式，增强学生对具体

单词的记忆力这种方法即图像记忆法。以“happy”“sad”为例，尝试让学生动手参与画简笔画的方式来记住抽象的内容。

5. 放射记忆法

放射记忆法指以一个单词为中心去发散思维想象其他和这个单词有关的单词的方法。如由boat 想到 canoe（独木舟）、ferry（渡船）、raft（木筏）、steamer（汽船）、sail（帆船）等；由 ship 联想到 passenger vessel（客船）和 cargo（轮船）等。

英语学习要从听、说、读、写入手

我们都知道，我国教育正处于“应试教育”向“素质教育”转变的关键时期，如何对跨世纪的人才进行英语素质教育，已成为英语教育界共同关心的话题。学习外语的目的是交际，学外语要具备听、说、读、写四项基本技能。可能很多小学生会说，学好英语不就是为了升学考试拿高分吗？对此，我们不否认，但我们可能没有意识到的是，对于才进入初级英语学习阶段的小学生来说，听说读写能力这些综合能力的培养，能帮助小学生们逐渐形成英语语感，一旦形成语感以后，对做题的帮助将会非常大。除了能够更加容易看懂阅读理解之外，面对自己不会的完形填空和单项选择也能够凭语感选对答案。

关于英语的听、说、读、写能力的培养，我们先来看下面一些关于英语学习的经验之谈：

“我是一名小学英语教师，我建议学生们使用五官并用法。英语是一种语言，语言运用的最高境界就是四会——听说读写，因此相应的，要耳到口到眼到手到。很多同学在学英语的时候往往只是用了眼睛，或者用了手、用了嘴、用了耳，用了某一个器官，而没有想到在一个单位时间里面，其实可以五官并用，这样的话可以提高自己学习英语的效率。那么具体是怎么做的呢？拿到一个有声文本，我一般会进行五遍听音。第一遍进行听音不看文本，第二遍，把自己听到的东西写下来，进行听写。第三遍一边放录音，一边对照文本，看自己所听写的内容和原文本有什么差距，尤其是要注意自己写错的和没有听出来的地方。第四遍一边听文本，一边进行跟读，即看文本、听录音，跟读。第五遍不看文本，听录音，进行跟读。”

“当学习一个新单词时，先按照音标把这个单词准确地读出来，并对照着写出这个单词，记住它的意思，然后在这个单词边写下当天的日期，以后根据日期每隔两天复习一遍，直到自己能熟练地读出、写出为止。这就是单词时间标记记忆法。”

“我运用的是大声朗读法，我觉得朗读是非常重要的，因为在读的过程中既训练了听力，又提高了阅读水平，更重要的是培养了对英语的语感。语感是在面对英语试题时一种非常重要的能力，有时它是说不清楚的，但往往就是这种能力使我们在考试中能够解决一些棘手的问题。再者，英语的学习应该在平常的生活中见缝插针。仅仅利用在课堂上的时间是远远不够的，我们需要在课后投入大量的时间以巩固和完善。另外就是

我们的朗读材料，不仅仅局限于课文，可以读很多的东西，比如说一些英文杂志、英文报纸。而且这些杂志报纸上文章的内容和课文不同，经常会遇到一些生词，是平常的课堂上可能遇不到的，但是在高考中可能会遇到，所以我们在面对生词的时候，就可以搜索以前的一些积累。”

从这些方法分享中，我们可以看出，学习英语一定要做到耳到口到眼到手到，听、说、读、写综合运用，才能帮你快速提高英语水平。具体说来，你可以从以下四个方面入手：

1.听什么

听录音。要想提高英语听力，仅靠课堂上的录音是远远不够的，课下也要大量听录音。录音不应该选择过于难的，最好是和英语教科书配套的录音资料。要选择原声材料，这样可以纠正发音。

听英文节目。电视有英语新闻，收音机有英文讲座，这都是相当好的听力材料，而且它们的发音都比较纯正，比如英国的 BBC 英文广播等，经常听这些英语节目，对学习英语是大有裨益的。刚开始可能听不懂，但不要着急，只要坚持不懈，就会逐渐听懂的。

另外，如果条件允许，还可以多和外国人进行交谈，这样对提高听力的帮助更大。

2.怎样说

语言的最重要的作用之一就是交流，说是交流最常用的方式。要学好英语，一定要多说多练，要敢于用英语同别人进行

交流。交流时，注意美式英语和英式英语的区别，注意语势、词调等，还要特别注意自己的发音。

英语课上要尽量说英语，少说汉语。

日常生活中也要多说。为什么我们的汉语说得这么流畅呢？因为我们天天在说，时时在用，学习英语也一样，一定要多说、勤说、抓住一切机会说。

3.读什么

读是英语四大基本技能之一，被很多专家和有经验的英文学者视为最有效的学习方法。

多读单词、短语、句型，多读课文。在多读的基础上背诵课文是比较好的。书读百遍，其义自见，讲的就是这个道理。

多读是英语学习比较有效的方法，它可以使你熟悉单词、短语、句型、增加词汇，能够提高判断能力、听说能力和阅读速度，同时能够加强口语，培养语感。

4.怎样写

抄写课文是比较好的英语学习方法。抄的时候，眼、耳、口、手、脑全要工作，眼睛看着，耳朵听着，口里念着，手下写着，脑袋里思考着。同时用英文写日记、记随感，也能提高我们的英语水平。

可见，英语学习要将听、说、读、写四种能力综合起来，它们相互联系，相互依赖，相互支持，相互促进，就像一堵墙的砖那样，缺少哪一块也不行，削弱了哪一种技能的训练，都会影响英语学习的质量。

第09章

找到规律，小学数学并不难

我们都知道，在小学学习中，每门课都有自己的特点。前面我们已经分析过语文和英语的学习特点，这两门课重在积累，而数学则重在寻找规律和方法。实际上，那些成绩优异的小学生，他们之所以数学成绩很理想，就是因为把握了这一点。因此，我们可以说，找到规律，小学数学学习就不难。那么，具体如何学习呢，接下来我们将在本章中寻找答案。

记住规律，轻松解答数学题

对于很多小学生来说，学好数学实在是太难了，在他们看来，似乎只有那些高智商的人才能学好数学，其实这是个误区。那么，为什么一些小学生能轻松学好语文、英语，而偏偏学不好数学呢?

一些小学生认为，这是因为数学是理科，考验的是人的思维，而语文、英语主要是考记忆类的知识。在他们看来，数学是不需要记忆的，这种观点实际上也是片面的。其实，小学中无论是算术还是其他题目，都没有我们想象的那么难，大部分题目也是从基础知识出发，一些中高难度的题目，考的也是平时的思维能力，因此，这就更需要你记住答题规律。

我们来看下面这两位数学尖子生的数学学习心得：

陈涛一直名列小学三年级的数学第一，在谈到自己的数学学习经验时，他说："数学这个学科可能容易学，但也可能不容易。只要能掌握规律，又认真、踏实，学好并不是很难。

"我们学数学并不是完全靠做题，还要记忆规律，尤其是那些概念、定理和公式，这些要求我们要理解着记忆，而且最好自己推一遍公式定理等，课堂上要跟上老师，注意老师讲的方法、技巧以及思想，最好自己能够总结一下。

"数学的复习很重要，复习一次，就能加深一次记忆，不

能学了后面的就忘了前面的。至于做题，则要做到举一反三。做一道题等于做一类题，这样才有效率。

“另外，考试中更重要的一点是细心，要避免无谓失分。只有知识和细心结合，才能考出好成绩。”

某小学五年级数学成绩第一名的一位学生说：“我学习数学的第一个方法是知识点网络总结法。平时做数学题时，一些题目往往会让我们感觉到无从下手，这个时候如果我们能联想到这道题目所考察的知识点，就可以此为线索对症下药，找到解题的突破口。所谓的知识点网络总结法就是在平时做题时，如果遇到解答中出现困难的题目，就将与这道题目有关的解题方法和所考查的知识点在题目的旁边列出来，然后在本子上总结出来。这样经过一段时间的训练，在考试的时候看到题目就能联想到有关的知识点，并迅速找到相应的解题方法。使用这种方法一方面可以提高解题速度，节约不少时间，另一方面做题的正确率很高，提高了解题命中率。”

这里，两位同学都有自己学习数学的不同经验，但总结起来，我们发现，他们都注重归纳和总结，注重掌握解题规律。

那么，小学生到底该怎样才能学好数学呢？以下是一些建议：

1.注重课本

彻底掌握相关的概念、定理以及公式，如果把解题看作是盖房子的话，这些基本的概念和公式就是砖头，没有砖头是无法盖房子的。

2.注重基础

做题时要多做基础题，不要只钻研难题和偏题。因为考试题中一大部分的题目都是基础题，所谓的“难题”其实也是由基础题通过一定的方式组合起来的，如果基础题没有掌握好，根本就不可能解决难题。

3.注重归纳总结，建立数学的知识体系

题目不是做得越多越好，要讲究效率，要做一道题目会一类题目，这就需要同学们善于归纳总结，归纳总结是学好数学的核心所在，是把所谓的“数学考思维”变成“数学考记忆”的关键一步。如果把数学中所有的知识点及其应用、所有的题型以及解题思路都归纳总结好了，剩下的就是通过做题来反复地记忆，这时考数学就没那么难了。

4.建立错题本

这是根据自己的实际情况对症下药的最好的办法，由于时间紧张，好钢要用在刀刃上。另外要注意建立错题本不是最终目的，最终目的是通过对错题本的改正使自己在临考前没有错题可以遗漏。

5.注意答题的训练

而考试是有时间限制的，因此一定要进行训练。在临考前，要多做几套模拟题，目的除了进一步查漏补缺以外，主要是训练答题速度，以及训练答题的书写。

的确，由于时间有限，如果遇到自己平时没有总结过的题型，或者总结过但记忆不牢靠、运用不熟练的题型，一般是不

可能现场想出来的，这就是对你来说所谓的“难题”。而自己总结归纳过并且记忆牢靠的题型对你来说就是“简单题”。因此要想学好数学，首先并且最重要的就是要注重归纳总结。

数学使人周密，学好数学要细心

小学数学，是数学的基础，小学的学生，一定要把数学学好，打好基础，就像盖房子一样，地基不打好，房子盖不高，也就是这个道理。而在平时的学习生活中，我们经常听到有些学生抱怨数学学不好：“数学难学死了，听老师讲课就像听天书一样。”事实上，小学的数学，也不是那么难的，这些学生之所以学不好数学，有个很重要的原因就是他们不细心，细心是做好一件事的重要保证，对数学学习有特别意义，在解数学题时粗心的话，那么你就有可能无法准确的找出“病因”，很难理清题中的细节，所以对待数学一定要细心。拿数学考试来说，有些同学每次考试总免不了犯“低级错误”，丢三落四，离开考场就后悔。每次都以“粗心”为托词，总是改不了。其实，这些同学只要注意这些问题，在考试中才能发挥实际水平。而从另一个方面说，学好数学，也可以培养你的细心，“数学使人周密”，在观察事物时细心能很快看到事物的本质。

林俊的妈妈是六年级的数学老师，六年级毕业那年暑假，学校没有布置作业，林俊的妈妈就想在这段时间提前让儿子学

点数学知识，下面是林俊妈妈为儿子记的学习日志：

“放假了，我并没有给林俊报学习班，他的主要学习任务是在家里。记得一开始做数学的时候，他最大的缺点就是不细心，自以为很聪明，所以做题随心所欲。特别是在草稿纸上做的题更是乱七八糟，我看了以后很不满意，对他进行了严厉的批评。我严肃地告诉他：‘态度决定一切，态度认真，做题细心是学好数学的关键，书写也特别重要，特别是从草稿本上也能看出自己学习的态度怎样，一看你的草稿本就知道你的学习态度不端正，自以为是，希望你好好想一想。’当时他听了以后，低下了头，但是我从他的表情可以看出，还是没有完全理解我说的这段话。事实是检验真理的唯一标准。

“后来，我就让他做题，从他的书写可以看出，他做题的态度有所转变，但是错题多。于是我们一起分析原因：是不是不会做？是不是没有细心去做？他承认会做，但就是没有细心。其

实，数学掌握了方法之后，关键就是看自己做题的时候是不是很细心，如果不会做这不怕，但是如果不细心做错题那是真可惜。上了初一做的题，一道题的步骤很多，如果不细心就会前功尽弃。

“原因找到之后，俊俊的确认识到了细心是做对数学题的关键，因此后来态度端正了，做题细心了，因此准确率也就高了，他看着一个个鲜红的大对钩，脸上露出了笑容。”后来，在整个六年级，林俊的数学成绩一直很不错。

这里，我们看到了细心对于一名小学生学习数学的重要性，那么，小学生如何培养这一习惯呢？

1.寻根究源，找出自己总是“犯低级错误”的心理原因

而对于那些经常粗心的学生来说，他们在具体的作业或考试的过程中，虽然知道自己要细心，但不知究竟如何能够做到细心。当然，他们的“不细心的毛病”也就难以得到实质性的改变。如果我们从心理学的角度来分析的话，其实，出现诸如不细心的心理原因是分心。所谓分心就是注意力不集中。如果你在作业或考试的过程中解具体的一道题目时，注意力不完全集中在这道题目上，而是想着另外一道题或其他的事情，那么结果就产生了实际的计算结果与书写的结果不一致的现象。

2.对症下药，针对性地采取措施，培养自己细心学数学的习惯

根据这种心理原因，采取有针对性的教育措施。首先，你要准备一个安静的学习环境。家庭学习环境十分重要。如果说，学生在学习过程中，经常受到外界比如电视、家长的吵闹声等的干扰，那么，注意力就会被分散。因此，要使自己在学习过程中专心致志，首先要有一个良好的条件。安静的学习环境是这种条件的一个重要内容。在有个安静的学习环境的保证下，你还应该对进行一些针对性的训练：

（1）制订一些切实可行的数学学习计划。这份计划的内容可包括：复习当天的数学学习内容、完成老师布置的数学作业和预习明天的数学学习内容，除此之外，可以根据自己兴趣，

和父母一起探讨一些数学问题。学习数学就要有耐心，要有探索的精神，像探险家那种勇敢探索的精神。

（2）养成按照计划进行数学学习的习惯。有了学习计划之后，要设法训练自己严格按照计划进行学习，在做完一件事后再做的外的事情。千万不能让学习计划形同虚设。如果能够严格地按照学习计划进行学习，那么你的注意力就会集中到当时要做的事情上去。

（3）养成检查数学作业的习惯。完成作业以后，要自己进行复查。让家长代劳的做法对这一点极为不利，自己复查发现错误，就会真正找出错的原因。而家长代为复查，你虽然也能知道出错的地方和出错的原因，但容易产生复查的依赖性，缺乏主动反省的意识。这在考试过程中就要“吃亏”。

（4）结合家庭生活进行集中注意力的训练。“粗心”的习惯虽然出现在学习上，但家庭生活对此也有相当大的影响。例如，在吃饭的时候要专心，不要多讲话；游戏的时候，不要一会儿玩这，一会儿玩那；看电视的时候，不要频道乱开。

细心学习数学的方法有很多，每个小学生要根据自己的个性要求和生活习惯等，逐步改正粗心的习惯！

小学数学发散性思维如何培养

数学是一门注重思维的学科，即便是小学数学也是如此。

为此，小学生要想学好数学，就要训练自己灵活的思维方式，其中就包括发散性思维。那么，小学生如何培养数学学习中的发散性思维呢？以下是几点建议：

1.激发求知欲

在数学学习中，小学生们要激发起自己对知识的强烈渴求，进而能带着一种高涨的情绪从事学习和思考。例如：在一年级《乘法初步认识》一课中，你可以让父母或者老师给你出几道连加算式，然后自己改写为乘法算式。由于有乘法意义的依托，虽然是一年级小学生，仍能较顺畅地完成上述练习。虽然这样练习很费时，但是能激发出自己寻求新方法的积极情绪。

另外，还可以引用“障碍性引入”“冲突性引入”“问题性引入”“趣味性引入”等，从而激发出自己对新知识、新方法的探索欲，同时，也有利于激发学习动机与求知欲。在不断地解决知与不知的矛盾过程中，还要善于引导自己一环接一环地发现问题、思考问题、解决问题。

例如，在学习“角”的认识时，你可以列举生活中见过的角，当提到墙角时出现了不同的看法。到底如何认识呢？你可以带着这个“谜”，学完了角的概念后，再来讨论认识墙角的“角”可从几个方向来看，从而使自己的学习情绪在获得新知中始终处于兴奋状态，这样有利于思维活动的积极开展与深入探寻。

2.训练思维的求异性

要培养与发展抽象思维能力，就需要注意培养思维的求异

性，这样能在训练中形成多方位、多角度的思维能力。

例如，小学生们经常运用的四则运算法则，也是有其内在联系的，比如，减法就是加法的逆运算，加与乘之间则是转换的关系。当加数相同时，加法转换成乘法，所有的乘法都可以转换成加法。

再如，加减、乘除、加乘之间都有内在的联系。如189−7可以连续减多少个7？思考这一问题，就需要学生能转换思维角度，从减与除的关系去考虑。这道题可以看作189里包含几个7，那么，问题就迎刃而解了，运用这种训练方法，能防止片面、孤立、静止看问题，能提升对所学知识的运用能力，从而进一步理解与掌握数学之间的内在联系，又进行了求异性思维训练。

3.训练思维的联想性

联想思维是一种表现想象力的思维，是发散思维的显著标志。联想思维的过程是由此及彼，由表及里。通过广阔思维的训练，你的思维可达到一定广度，而通过联想思维的训练，你的思维可达到一定深度。

例如，有些题目，从叙述的事情上看，不是工程问题，但题目特点却与工程问题相同，因此可用工程问题的解题思路去分析、解答。

在进行多种解题思路的讨论时，有的解法需要你运用数学转化思想，才能使解题思路简捷，既达到一题多解的效果，又训练了思路转化的思想。“转化思想”作为一种重要的数学思想，在小学数学中有着广泛的应用。在应用题解题中，用转化

方法，迁移深化，由此及彼，有利于学生联想思维的训练。总之，在数学教学中多进行发散性思维的训练，不仅要掌握解题方法，更重要的是要培养灵活多变的解题思维，从而既提高教学质量，又达到培养能力、发展智力的目的。

4.训练思维的广阔性

作为小学生，你在学数学的过程中，不但要重视答题结果，更要尝试那些精心设计的有层次、有坡度、要求明确、题型多变的练习题，并且不断训练探索解题的捷径，使思维的广阔性得到不断发展。要通过多次的渐进式的拓展训练，使自己进入广阔思维的佳境。

体验式学习，培养数学学习应用意识

我们都知道，数学是一门应用学科，对于小学生来说，从小培养自己的数学应用意识和应用能力，不但能激发学习数学的兴趣，还能开阔视野，拓宽学习的空间，最大限度地挖掘自己的潜能，从而体验出数学与日常生活的密切联系，培养自己从周围情境中发现数学问题，运用所学知识解决实际问题的能力。那么，怎样培养自己的应用意识、进行体验式数学学习呢？

以下是几点建议：

一、了解数学的应用价值

在传统的小学数学教学中，教师很少讲知识的来源和实际

应用，即使是应用题教学，也只是把事先编好的现成的题目出示给学生，学生只是根据几个必需的条件套用解答应用题的方法和步骤，却不知道解决某一问题需要处理哪些信息和数据，更没有领悟到数学对于这一问题所具有的独特意义。

因此，作为小学生，要从数学题、现实生活中感受数学的应用价值。其具体做法是：

1.利用生活素材，认清数学知识的实用性

生活中充满着数学，作为小学生，我们更要善于生活中抽象出数学问题，认清数学知识的实用性，从而产生兴趣。在实际生活中，数、形随处可见，无处不有。

2.收集应用事例，加深对数学应用的理解与体会

随着科学技术的飞速发展，数学的发展涉及的领域越来越广泛。数字化的家电系列，宇航工程、临床医学、市场的调查与预测、气象学……无处不体现数学的广泛应用。搜集这些信息，既可以了解数学的发展，体会数学的价值，激发学好数学的勇气与信心，更可以领悟数学知识的应用过程。例如：在统计的初步认识教学中，搜集自家几个月用水的情况，通过收集、描述、分析数据（人口的多少、老人和孩子等诸多因素）的过程，得出了自家用水是否合理的判断，并做出今后用水情况的决策。既渗透了环保教育，又能感受到数学知识的应用。

二、寻找数学问题

寻找数学问题，是探索数学价值、培养数学应用意识的最基本的前提和条件。试想如果不会寻找数学问题，就不可能做

到很好地应用所学的知识解决问题。这样，数学应用意识的培养就可能成为一句空话。那么，怎样学会寻找数学问题呢？

1.从日常生活中寻找数学问题

日常生活中有大量的数学问题，结合数学内容选择一些简单的问题加以分析、解决，这对从小培养自己数学应用意识和数学观念尤为重要，同时也促进自己进一步理解所学的内容。如在三年级学生认识长方形的周长之后，可以这样做：三四个学生为一组，量一量教室内门框、窗框、镜框等长方形的长与宽，并设计一下做这些物品需多少材料。最好再给每种不同的材料标上单价，计算一下，选择怎样的材料，用什么方案，可以既经济实惠，又满足需要。通过这些活动，你会有解决数学问题的意识，并能解决一些简单问题。

2.从数学内部寻找数学问题

数学内部充满着各种问题，虽然通过前人的多年努力，已经解决了很多问题，但是学习作为再次创造的过程，仍有一个不断探究、解决新问题的过程。在数学内部，你接触最多的问题是解答习题，而解答习题是解决问题的一种特殊形式。你可以从问题的角度出发，对问题正确加以理解，明确已知的条件和要达到的目标，作出合理的假设，寻求通向目标的可能途径，确定最优的解决方案。要使自己从中养成习惯，形成技能，并迁移到其他方面，使自己拥有问题解决的意识，提高思维水平。

第 10 章

会学习也要会考试，如何考出好成绩

对于小学生来讲，我们学习都有一个的目标——在考试中取得一个好成绩，然而，我们却发现，一些平时成绩优异、学习能力强的同学却总是考不好，这是为什么呢？原因当然有很多，但总结起来，无非是没有掌握好应试技巧，因为“技术不精”导致的失误。我们应该知道的是，无论什么考试，考的都是心理素质和考试技术的较量，也就是说，在平时学的好，还应该尽量考好。然而，怎样才能考好呢？针对这个问题，我们来看看本章的内容。

放松自己，别给自己太大压力

我们都知道，在任何一次考试中，一个人的心态都十分重要，在考前，无论你的学习好坏，最最重要的是要调整好心态。没有好心态，绝对考不出好成绩。可好心态，并非与生俱来，而要靠一点点修炼。

作为小学生也是如此，虽然小学开始不如中学考试难度大、也没有中学时代的高压，但小学生考试，也要放松自己，不要给自己太大压力。

我们先来听听下面这几位学生是如何在考前修炼自己的好心态的：

“周末晚上，可放松地看看喜爱的电视剧或电视节目，有助于调整状态。”

“活得‘2’些，寻找生活中的乐趣，与同学老师多开玩笑。试试在所有作业本的名字旁，画上一个自己的笑脸。”

“若要好心态，父母也得配合默契。比如，在考前向父母出具‘通知书’：请不要问我考试用具准备好了没有；请爸爸妈妈保持正常心态，话语行为与平时一致；考试过程中，请不要询问各科考试情况。开车接送我考试的时候，请保持冷静，注意礼让行人。考前，还可以给父母一份‘考试菜谱’，罗列平时爱吃的菜。”

“遇到困难或情绪低落的时候，散步的效果不错。边散步边思考，烦恼很快就消散了。”

“心理暗示很重要。这样安慰自己：每个人都会有薄弱科目或者不喜欢的科目，如果不擅长数学，每天对自己说三四遍“我喜欢数学”，不要让自己对数学产生抵触情绪，越抵触越没信心。其实背后的老师们，也很“精通”暗示法。比如，有同学怕写作文，就会拿她的作文当范文给全班同学看，以示鼓励。”

不难发现，那些在各大考试中成绩脱颖而出的小学生，除了得益于他们的知识基础外，还有良好的心态，也就是能在考前做到放松自己，不给自己太大压力。

那么，也许你会问，大考前，该怎样放松自己呢?

以下是我们提供的一些建议：

一种方法是：要注意放松休息好，加强营养，注意锻炼，保证睡眠，听听音乐散散步，要按考试的时间和科目做一些模拟卷子，看看以前做错的题，笔记、课本中不熟悉的地方，然后休息。上下午在考试的时间里看书写卷子，看一些笔记，有助于调整生物钟，否则，几天不做卷子就可能手生，手生就难以进入状态。不要看太多的书，把知识梳理一下。也不要做过难的卷子，否则做不出来会挫伤自信心。要休息好，不要使身心疲惫。

另一种是：一星期里基本不看书，干一些家务，听点轻音乐，心静如水，在平静中把心态调到一个很高的兴奋点（平静里隐含了兴奋可压抑过度的兴奋如睡不着），不看错题，把所

有缺点丢掉的话考分肯定会高。

因此，考试的前一天可看一些题，以不做题为好，大考的前一天和考试前要做深呼吸（平时要训练，运用不当会头晕、头痛影响考试），吃得好，睡得香，即使睡不好，只要心态好，也能精力充沛考试，中午要休息。

考试前要活动一下，对人笑，对着镜子朝自己笑，早点到考场，保持平常心，要笑着挺胸抬头，充满信心的走进考场，如果是一些大考，那么，就当成是平时的测验好了，进出轻松。

如果失眠了，就想，睡几个小时就行了，只要精神好就行了。

当然，最重要的是，无论如何，你都要树立自信心，相信自己能取得好成绩。这样，你就能真正做到放松了。

早睡早起，休养生息

无论什么年龄、身份的人参加学习，都有一定的目的，比如升学、提升职业技能等，但同时也是为了检测学习效果，小学阶段的各种考试也是如此，对于小学生来说，都希望能考出个好成绩，为此，一些学生认为，关键时刻就要到了，一定要抓紧时间学习、不能放松。实际上，专家建议，考前一定要休养生息、适度调整，不可挑灯夜战。当然，如果你认为考前就应该放松，这也是一种不正确的想法。

“马上就要小升初考了，我觉得考前最重要的是不能紧张。我们之所以会紧张，是由于我们还没有复习充分，对未来还有些迷茫。其实，问问自己，如果只是考看拼音写汉字，我

会如此紧张吗？这样，你就明白了消解的办法——马上复习！把做过的题拿出来看看，再背一下名句，马上就平静。作息时间因人而异，平常我都是晚上11点睡觉，考前也没变。我觉得考前不要去想什么时间睡觉的问题，一切按照自己的习惯来，

就算改时间睡觉，最好考前两周就不要做大的调整了。”

这里，我们可以看出来，这位学生的考前调整是从心态和生物钟两方面进行的。

那么，到底如何进行考前调整呢？对此，我们有几点建议：

1.不能有“大考大玩”的心态

考前的几天千万不能耗在电视或者电脑上，“大考大玩”只是一种理想境界。这两天最好能把以前的笔记拿出来看一下，巩固一下总结的知识要点和方法技巧。

2.调节生物钟

考前一周，最好就要把每天晚上晚睡的习惯逐渐调整到10点睡觉，要坚持每天把自己精力最充沛的时间即学习时间调整到和考试的时间一致，相同的时间段做相同的科目，以高考为例，每天上午8：30开始学习9：00正好是最兴奋的时候，11：00结束，下午1：00睡午觉，下午的2：30~5：00学习，过了

这个时间就放松。这样，考试时比较兴奋，精神就好，比较轻松，见到容易的题就会做，见到难题会想办法做。千万不要越忙越紧张、越紧张越忙，总觉得脑子里一团糊涂。

3.适度复习

考前几天看书，不会对我们有多少提高，但是为了保持状态，我们还是可以适当地看书进行调整。想一想简单的问题，使大脑处于一种较活跃、清醒的状态，但量不宜大，时间不宜长。也可以读一些报纸杂志，看看电视，在放松情绪的同时丰富知识，也许还能为次日的考试题目开拓思路。

如果在这一天仍旧做大量的题或是索性什么也不做都是不合理的，前者不仅会使人更加疲倦，而且若遇到难题还会降低考生的自信心，增加紧张和忧虑；后者则容易让自己产生茫然和急刹车的不适应感。

4.不纠缠难点难题

为了防止手生，在回归课本的基础上，还要做到套题、小题巧练，但对于难点难题不必过于纠缠，坚持温故知新。

专家建议，在这段时间，通过小测试可以训练答题速度和应试能力。另外要强调的是，做题时，我们要相信自己的“第一感觉”，在似是而非的情况下不要轻易改变第一次的选择。此外，充分发挥课堂笔记本、错题本的作用，结合重点笔记对学科知识进行拉网式排查，确保不存在知识遗漏点或知识盲点。

总之，在考前最后阶段，保持充沛精力比多看几页书来得重要，挑灯夜战的方法并不足取。特别是晚上学习时间不要太

晚，早睡早起最科学。最后两天休养生息，每天要保证8小时睡眠，保证半小时适度的体育锻炼，这样精力充沛，有利于考试时正常发挥。

掌握考试中答题的四大技巧

对于任何一名小学生来说，我们终究要参加考试，而考试的遗憾莫过于实有的水平未能充分发挥出来，致使自己平时的辛劳毁于两小时的“经验”不足。我们都知道，无论什么类型的考试，考的都是心理素质和考试技术的较量，当一个学生进入封闭考场之后，他的知识和能力就是一个常数，而如何将所掌握的知识转化为阅卷得分点，这就取决于稳定的心态和答题的技术了。

答题得分到底有什么技巧，这也许是所有的小学生们关心的问题。关于这一点，也许那些曾经在考场奋战过或经验丰富的人能给我们答案，因为他们都展现出他们本身所具有的良好心态、扎实的知识基础和应试技巧。下面就是他们在备考应试阶段总结出的“四先四后”应试技巧：

1.先易后难

顾名思义，就是要我们在做题的时候，先着手做那些难度较小的题目，稍后再做难度大的题目，先做A类题，再攻B类题。

当然，题目的难易是因人而异的。“难者不会，会者不难”，这个道理我们都懂，虽然试卷本身的编排已经原则上考

虑到从易到难，但这仅仅是命题组的主观认识。

我们以小学生们所考的科目——数学为例，我们发现，数学试卷通常被设计为“两个从易到难的三个小高潮”，（三类题型——选择题、填空题、解答题——从易到难；每类题型本身又从易到难），就是说，选择题的难题完全可能比填空题的易题困难，而解答题的易题又完全可能比选择、填空的难题容易。

所以，在进行第二遍答题时，就不必要非要依照从前到后的顺序，可根据自己答题的具体情况，跳过啃不动的题目，从易到难（被跳过的题目其实还在潜意识里继续思考），另外，尤其要注意不要在那些低分题上浪费过多的时间，防止“前面难题久攻不下，后面易题无暇顾及”。

2.先熟后生

无论是什么类型的考试，都会考查学生的应变能力，因此，大部分考试都没有现成的成题，即使是最简单的题也是课本上的成题经改造后呈现出来的，材料没见过，情景以前都没出现过，应该说这也是命题者的初衷。但这类试题有个共同的特点：“材料在外，答案在内”“起点高，落点低”。一些看上去是热点问题、难点问题，都可以运用已有知识拆解、分析、解决。在平时掌握的课本知识中一定能找到相关的模型。因此，我们应该庆幸能遇到这样的题目，而且丝毫不用惊慌，新的情景，新的材料正是我们所要的，只要冷静细心，这些题目你都能得到分的。

其次，可实行“先熟后生”的策略，就是说，先做那些内容掌握比较到家，题型结构比较熟悉的题目，后攻那些题型、

内容、甚至语言都比较陌生的题目。先做在某些方面有熟悉感的题目，容易产生精神亢奋，会使人情不自禁地进入境界，展开联想，促进转化，拾级登高。

3.先高后低

这是说要优先处理高分题（解答题），特别是在考试的后半段时间，更要注意解题的时间效率，比如：

①两道都会做的题目，应先做高分题，后做低分题，以减少时间不足的失分；

②到了最后一二十分钟，也应对那些拿不下来的题目先就高分题实施“分段得分”（参见第五部分），以增加在时间不足的前提下的得分。事实证明，“大题拿小分”是一个好主意。

当然，“先高后低”要与“先易后难”结合起来，不能不分难易，专挑高分题做，否则会造成“高分难题做不出来，低分易题没时间做”的结果。

4.先同后异

就是说，可考虑同学科、同类型的题目集中处理，这些题目常常用到同样的思想、类似的思考方法，甚至同一公式，把它们结合起来一起处理，思考比较集中，方法或知识的沟通比较容易，有利于提高单位时间的效益。一般说来，数学考试解题必须进行“兴奋灶”的转移，兴奋中心必须从这一章节跳跃到另一章节，但“先同后异”可以避免兴奋中心转移得过急、过陡和过频。

当然，在做到以上几点之外，最重要的是你要坚持到最

后一分钟，忌好胜心理，时间就是胜利，珍惜一分钟，有可能减少你一分甚至几分的失误。答完卷后，要认真检查，反复核对，切忌为出风头而草率交卷。要恪守“不到最后一分钟绝不停笔”的良训。

考试中遇到怯场如何调整

我们都知道，考试是一种复杂的智力活动，需要保持良好心态。考试确实不同于日常的学习生活。不管准备多么充分，我们都有可能紧张，这是不可避免的问题，就连那些身经百战的考试达人们，在进考场的时候也会紧张，更别说处于儿童和青少年时期的小学生了。但只要我们懂得在考前考后进行适当的调适，我们就能将紧张心理减低到最小。

张老师是有三十年教龄的小学数学老师，他建议学生，在大考前一定要树立信心，要相信自己一定能考好。

“说考前不紧张，那肯定是骗人的。你要真不紧张了，全家人都觉得不正常，父母反倒更紧张。”在张老师看来，在考试中适度地紧张是好事，但凡事有个度，过度紧张会让人有些错乱。

张老师认为，过度紧张是有一定原因的——很大程度上源于家长和考生定位不准。“现实生活中，很多家长和学生把目标定得太高，以孩子现有的实力蹦了跳了还是够不着，这样的

标高，考生能不紧张吗？”

从这位老教师的这段话中，我们能找到减少心理紧张的关键因素所在——降低对考试结果的过高期望上。如果我们抱着轻松的心情，不太在意考试结果，那么，我们自然就能心平气和地面对考试。

这里，我们可以总结出人们怯场的几点原因：

1.缺乏自信

有些小学生，尤其是性格较懦弱，多次受过挫折的学生，常常自我怀疑，即使有把握的问题，也显得犹豫不决，不敢相信自己。如果见到陌生题或难题更是诚惶诚恐，乱了方寸。

2.外界干扰

当人们进行思维活动时，突然遇到新异或强烈的刺激，会使原来的思维活动受到抑制。如考场的严肃气氛、监考人员冷峻的表情或生硬的态度，父母的叮咛：“你进这所学校不容易，花了很大的代价，这可是人生的关键一搏，事关你个人的前途……”这些都会给学生带来巨大的心理压力，一旦遇到小小的麻烦，情绪越加紧张，导致怯场。

3.大脑过度的兴奋

大脑神经细胞的兴奋性有一定的限度，为了防止大脑神经细胞过度受损，大脑会自动转入抑制，阻止回忆活动。有些学生考前开夜车，用脑过度，睡眠不足，加上心理紧张，引起回忆反应暂时抑制，造成怯场。

了解了这些原因，就要提前做好充分的思想准备，努力安

定自己的情绪。

1.考前两天：增强自信，择要复习

考前复习要有所侧重，只要检查一下重点内容是否基本清楚就可以了。所谓重点：一是老师明确指定和反复强调的重点内容；二是自己最薄弱的、经常出错的地方。如果确认这些地方已没有问题，就可以安下心来，并反复暗示自己“复习很充分”。

另外，如果你过于紧张，说明你自信心不足，家长要给予鼓励，巧妙暗示孩子：我一定会考好的。

2.考试前夜：尽情放松、睡眠充足

考前的休息也十分重要，千万不要在考试前夜牺牲睡眠时间去复习，这是得不偿失的。临考前夕，要尽情放松，看看花草散散步，减轻心理紧张度，听听音乐愉悦心情，打打球调剂大脑，早些休息，一定要避免思考过多，精疲力竭。

同时也要尽量为自己创造一种和谐、轻松、愉悦、安静的家庭氛围，以获得好的休息，从而充满自信地步入考场。

3.考试当天：适时到考场

考试当天，首先必须做到吃早吃好。也就是说要有充足的用餐时间，最好在考前一个半小时用餐完毕。否则会因过多血液用于消化系统，使大脑相对缺血，影响大脑功能的发挥。

在到考点时间上，一般在考前20分钟到考场为宜。太早了，遇到偶发事件的可能性增大，极易破坏良好的心态。过迟，来不及安心定神，进入考试角色的心理准备时间太短，有可能导致整场考试在慌乱中进行，造成不必要的失误。

4.掌握一些答题技巧

要想考到好成绩，除了掌握过硬的书本知识外，还要掌握一定的答题技巧，这是应试策略的重要部分，且对实现考试目标有着至关重要的作用，总有一些考生考试的“怯场”“晕场”，除了心理上的原因外，没有掌握科学的应试方法也是一个重要原因。

对于出题人而言，他们的初衷并不是为了出难题将学生考倒，因此，大部分试题难度都为中低档，但即便如此，还是有些小学生觉得题目很难，这还是因为你没有过硬的应试技巧和答题策略，因此小学生参加考试一定要有充分的准备。我们应该记住这样一条规律“办法总比困难多”，这里说的办法还包括应试策略，包括解题方法和答题技巧。

如果做出以上努力后，仍出现怯场，也不必惊慌。这时你不妨按照以下步骤：先搁下试卷，稍做一下揉面等活动，或伏案休息片刻，这种转移注意力的方法，有助于克服紧张情绪。也可采取深呼吸的方法满满呼气、吸气，同时放松全身肌肉。经过1–2分钟的练习，也能改善极度紧张状态。

考前复习，不打无准备的仗

我们发现，在面临考试前，总有一些小学生出现手忙脚乱现象，甚至考试怯场。其实，这是因为准备不充分，而其中

重要表现就是复习不到位、学习进步不大。的确，无论学习什么，要想做到一次尽、一遍成是根本不可能的，所以及时复习是非常必要的一环，除了及时复习外，考前复习也非常有必要。当然，复习不应是机械地重复几遍，而是把学过的知识更加系统化、条理化，纳入到整个知识体系之中。

我们发现，一些小学生为了取得好成绩，他们会给自己增加很多复习时间，但挑战自己的身体极限、牺牲休息时间来学习，这样复习的效率是很低下的，成果并未得到明显扩大。当自己的付出未得到想象中应有的回报时，复习意愿就会减弱，因此讲求效率很重要。

那么，到底该怎样在考前提高复习效率呢？为此，在考前复习这一问题上，我们需要注意的是：

一、制订计划

一定要结合考试要求和自己实际情况，制订一个全面的计划，并坚定地执行它，使复习顺畅有效。虽然计划可能会被某些预料不到的事件所打乱，但是计划是不可缺的。这个计划应包括：

1.重点练习中低档题

你可以在老师指导下，把平时的试题进行筛选，已经熟练掌握的试题可以不做或少做，对于特别难的题也不能抓住不放，而对于中低档试题一定要抓住。

2.回归

黄金时段的复习要重新回归到基础知识、基本方法上来，回归到《考试说明》和课本上来。回归过程就是考点的反思和重新梳理，基础知识、主干知识、网络知识的再梳理、再巩固、再落实的过程。

3.总结应试策略与应试心态

抽出一点时间回顾、总结平时做习题过程中的应试心态把点滴经验汇集起来，形成方法，摸索规律，考前复习就又上了一个台阶。

4.练考纠错

在复习的最后阶段，可以找一些试卷当作正式考试，利用它们来反复练习。当然了，复习实质是努力寻找漏洞，而一旦发现了漏洞，具体来说就是错题，就应当把它积累下来，反复练习。还要懂得体会积累解题一般思路和方法，提高应试技巧。

这里，我们也可以看出的一点是，考前的复习计划应当是理性的，是全局的安排。

二、认真执行计划

计划制订出来，只是完成了第一步，还要坚持认真执行。最好把计划贴在自己看得到的地方，以及时鞭策自己。要及时检查、监督计划执行情况，从检查中获得反馈，及时进行调整和补救。为了保证计划的高效执行，切记：

（1）每天到了规定的时间，就开始相应科目的学习，不要受任何影响。

（2）坐下后，尽量在最短的时间内使注意力集中起来。

（3）到了预定的时间，马上停止现有的学习，去干所安排

的其他任务。

（4）学习桌上不要放与当前学习无关的东西，以免受干扰。

（5）提前完成任务时，可进行自我奖励，进行积极的休息。

注意：上面的第（3）点必须严格执行，一定要养成在规定时间内完成相应任务的习惯，因为在任何的考试中都不允许你拖延一分钟。

三、适当调适

在考前复习的这段时间，不少小学生会对复习感到烦躁，也可能经常静不下心来学习，思维迟缓、注意力不集中，记忆力减弱。但如果真踏实下来，静下来学半个小时，学习仿佛也没那么烦，再学一两个小时恐怕也没什么问题。这可能就是心理上的惯性，认识到这一点，大概就不会觉得坐下来有多难了，强制自己看几眼书，可能也就会“渐入佳境”了。当然，长时间的伏案学习就需要休息一下，可以散散步，听听音乐。适当的休息娱乐会保证身心健康，可以提高学习效率。

总之，我们需要明白的是，考前的一段时间是复习的黄金时段，注意一些复习的习惯和方式，制订好复习计划，会帮助我们提高复习效率。

当然，要想考试成绩好，最重要的还是要注重平时的复习，一些小学生似乎喜欢“临时抱佛脚”，即考试前几天，对这些科目进行突击学习，使劲背，使劲记。也许这种方法对应付考试能够产生一定的效果，但从长远角度来考虑，这种“临时抱佛脚”的学习方式并不能使你真正地掌握知识。事实上，可能你也有这样的体会，考试前所记住的那些内容几乎一下考场就忘光了。其实，这是一种正常现象，人的记忆分很多种，那种突击式的记忆只是临时记忆，虽然你当时记住了，把考试应付过去了，但用不了多长时间，这种记忆就会消失。所以，这种“临时抱佛脚”式的学习方法并不是科学的学习方法。从这里，我们就可以看出及时复习的重要性。

所以，知识的积累，就像建造房子，从砖到墙、从墙到梁，是一个循序渐进的过程。我们在学习的时候，一定要养成预习和复习的好习惯，预习和复习的时间并不需要很长，但效果会很好，磨刀不误砍柴工，就是这个道理！

考一门丢一门，别太在意已经考过的科目成绩

在小学生的眼里，也许最为重要的就是每学期的期末考试和毕业考试，因此，我们不难理解，每次考试后在考场外面会出现这样的现象：有些小学生情不自禁地围聚在一起核对答案，如果自己的答案和大多数的同学是一致的，那么，便会欢呼雀跃。有人欢喜有人愁，另外那些答案错误的同学，便顿足捶胸，懊恼不已。

其实，小学生们考完后急于想知道答案的这种心情是可以理解的，但这种做法正确吗？要知道，在考试刚结束一门后，对答案有弊无利。考过的科目已经结束了，无论你高兴还是沮

丧，都已经成为事实，对答案无非两种结果，一种是答案正确，此时，你可能会狂喜不已，但这种心情只会使你处于极度兴奋状态，甚至忘乎所以，就难以把注意力转移到下一门学科的考试上来；而另外一种可能是答案错误，也许失去的仅仅是小分，但缺乏自信者会因此而增加失败感、愧疚感，使自己的心情沉浸在后悔之中，耿耿于怀，心情郁闷，从而影响下一门学科的考试。从另一个方面看，刚出考场，大家商讨的都不一定是正确答案，各人所提供的答案定有差异，被他人认定答案是错误的实际上未必错误。事实上，在每年的小升初考试中因为核对答案，坏了自己的心情，影响下一门学科考试成绩的事例不胜枚举。

对于已经结束的科目，正确的做法是：考完一门丢一门。考试结束，你就应该放松心情，离开考试现场，独自一人去找个安静的地方稍微休息一下，然后为下门课准备。当然，你可能觉得自己的答案有错，但你不必惊慌，要知道，即使是班上的第一名，也不可能每门课的答案都完美无缺，你不去计较“一城一池”的得失，学会泰然处之，总结教训，争取在以后学科考试中“亡羊补牢”。回家后，若是家长要问该学科的答题情况，只要说说自己大体的感觉就可以了，不必谈得很具体。如果苦苦回忆所有答题情况，既浪费了许多宝贵的时间，又给自己和家长增加了沉重的心理负担，还可能招致家长的责难，何苦呢？

某小学有三十年教龄的黄老师建议参加毕业考试的学生们：考完一门，就不要再去想它，也不要轻易和别人对答案，以免影响情绪。

他曾经带的一位学生说：“考一门丢一门，不要想太多。”他认为，考试过后要保持冷静，不要因为某一科没考好而影响其他科目的发挥，“毕业考试，我的语文考得也不是很好，但是我知道语文是我的弱项，所以考完后，我也没有和其他同学对答案，而是暗暗告诉自己，接下来的考试要努力，好好发挥就行了。”

“拿到试卷后，我们最好将试卷通览一遍，做到心中有数，答题时沉着冷静，按照先易后难的顺序进行。进入考场前，不要与人讨论复习备考情况，以免‘胸有成竹’的良好感觉一扫而光。”

无独有偶，另外一位学生说：“我们应该把毕业考试当成平时考试一样，考完后，不要与任何人对答案，不然会影响心情。假如题目难，肯定大家一起难，不会是你一个人。”

他们同时建议，考试期间，我们一定要过非常简单的生活，早上起来去考场，中午回家午休一会，下午再去考场。如果天气允许，晚饭后，可以出门散散步，晚上看一会书，一定要早点休息。

根据两位状元的提议，我们也应做到：考试时考一门丢一门，不要想分数，想着自己考完就好了。可以给自己一个犒劳的诱惑，比如考完就可以去做自己想做的事情了，只要坚持考完并且最后再认真一回，就可以如愿以偿了。

此时最恰当的方法是马上将这门科目完全放下，让思维和情绪完全丢开对这门科目的眷顾，并全面转入后一门科目繁忙复习中，对上一科考试失利的考生来说，学会遗忘，并迅速把

注意力转移到下一科上显得更为重要。因为失利是难免的，重要的是迅速摆脱阴影。

总之，面对考完的科目，我们要做到考完一门丢一门，忘掉过去，专注未来的考试，既不以自我感觉良好而飘飘然，也不以自我感觉不好而沮丧，保持一份平常心去迎接新的考验，等待自己的将是丰收的喜悦！

参考文献

[1]梅子.小学生一定要掌握的学习方法[M].北京：中国纺织出版社，2015.

[2]董苓苓， 蔡万刚.培养小学生的高效学习方法[M].沈阳：辽宁人民出版社，2020.

[3]万春耕.我的第一本学习方法书[M].天津：天津科学技术出版社，2011.

[4]付岩.小学生必须掌握的60种科学学习方法[M].北京：中国妇女出版社，2019.